KB262099

보나벤뚜라에 의한
아씨시의 성 프란치스꼬 대전기

아씨시의 성 프란치스꼬 대전기

1979년 11월 초판 ǀ 2023년 5월 13쇄

옮긴이 · 권숙애 ǀ 펴낸이 · 박현동

펴낸곳 · 성 베네딕도회 왜관수도원 ⓒ 분도출판사

찍은곳 · 분도인쇄소

등록 · 1962년 5월 7일 라15호

04606 서울 중구 장충단로 188(분도출판사 편집부)

39889 경북 칠곡군 왜관읍 관문로 61(분도인쇄소)

분도출판사 · 전화 02-2266-3605 · 팩스 02-2271-3605

분도인쇄소 · 전화 054-970-2400 · 팩스 054-971-0179

www.bundobook.co.kr

ISBN 978-89-419-7218-1 03230

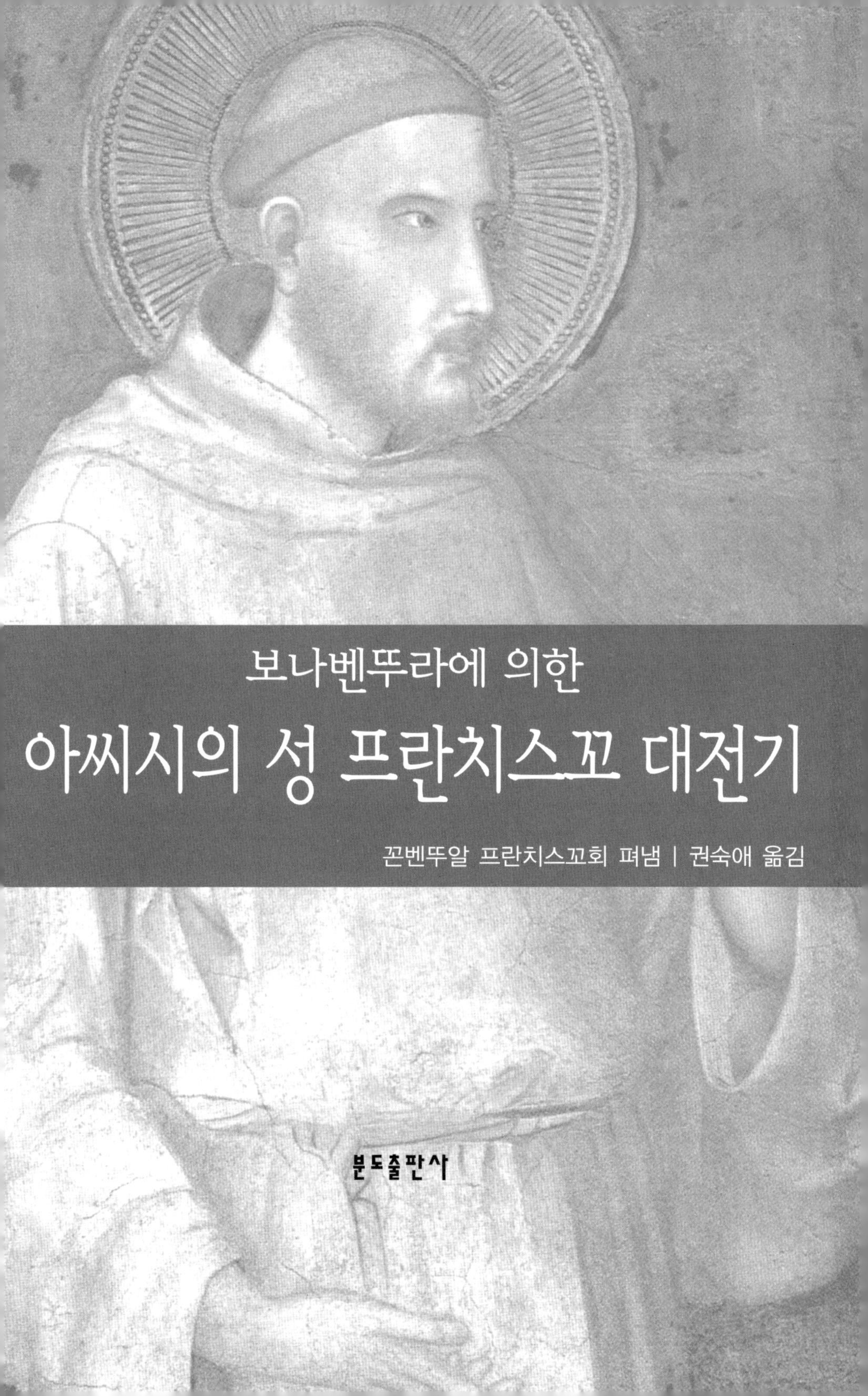

보나벤뚜라에 의한

아씨시의 성 프란치스꼬 대전기

꼰벤뚜알 프란치스꼬회 펴냄 | 권숙애 옮김

분도출판사

　『성 프란치스꼬 대전기』는 1260년 나르본에서 있었던 작은 형제회의 총회 결정에 따라, 당시 총작직에 있던 성 보나벤뚜라가 모든 자료를 기초로 해서 펴낸 성 프란치스꼬 전기이다. 당시는 문헌면에서 또 학설면에서 성 프란치스꼬의 생애와 이상에 대한 여러 갈등과 혼란이 심했던 시기로서, 보나벤뚜라는 대전기를 발행함으로써 이러한 갈등과 논쟁을 가라앉히고자 하였다. 그리하여 1266년에는 이 전기만이 유일한 성선으로 인정되고 그 이전의 모든 전기들은 불태워 없애라는 명령이 내려졌다. 이러한 조치가 내려졌던 당시 상황과, 이러한 상황에 대처한 성 보나벤뚜라의 태도를 간단히 살펴봄이 『대전기』를 이해하는 데 다소 도움을 줄 것이다.

　먼저, 프란치스꼬 사후 혼란한 상황이 특히 문헌면에서 극심했다. 이는 성 프란치스꼬의 이야기가 퍼져나감에 따라, 미숙한 상상이나 미심쩍은 자료에서 빌려 온 것들이 계속 나오고, 한편 바르게 증명된 사실들을 위협하는 저서, 중상의 글, 시들이 홍수처럼 쏟아져, 실지 성 프란치스꼬의 인품과 이상은 크게 위협을 당하고 있었다. 그렇기에 간결하면서도 완벽한 "본래 그대로의" 성 프란치스꼬의 모습을 담은 전기가 요청되었다. 이 요구에 응답한 것이 바로 이 『대전기』라 하겠다.

또한 여러 학설면에서 꼰벤뚜알파와 영성파간에, 또 여러 학자들 간에 논쟁점이 많아 형제회 조직조차 흔들리고 있었다. 이에 보나벤뚜라는 일치를 하려면 생활의 모든 실제적 조건의 완전한 일치가 아니라, 한 분이며 유일하신 성부의 사랑 안에서 하나이며 같은 이상의 일치를 가져야 한다는 것을 이해하고 화해자의 입장에서 극단적인 논쟁을 불러일으킬 내용은 삭감시키고 인명도 어떤 경우에는 피하고 있다. 더불어, 보나벤뚜라는 정확한 역사적 사실을 밝히고자 성 프란치스꼬의 발자취를 따라 여러 지방으로 "자료수집의 순례"를 거쳤으면서도 이 전기를 단순한 "사건들"로서가 아니라, 성 프란치스꼬의 참된 "정신"과 "영혼"을 그리려 애쓰면서 우리에게 성인께 대한 깊은 통찰력을 갖게 한다.

마지막으로 우리의 마음을 열고 닫는 일은 우리에게 달려 있다. 보나벤뚜라는 다른 곳에서 이렇게 말한다. "성 바울로를 이해하고자 한다면 성 바울로의 마음을 입어야 한다." 이와 똑같은 요구가 이 전기를 읽는 데 필요하다. 참으로 독자가 "가난을 사랑하는 이들" 중의 한 사람이라면 그는 성 프란치스꼬와 성 보나벤뚜라의 위대한 영혼을 이해하고 화응하고, 그리고 이들을 넘어서서 그리스도에게 매달릴 것이다.

1979년 10월 4일 성 프란치스꼬 대축일에 역자

재판을 내면서

프란치스꼬를 알 수 있는 주요 저서 중 하나인 이 『보나벤뚜라에 의한 성 프란치스꼬 대전기』를 초판에서 졸렬한 번역으로 원본의 풍부한 내용을 제대로 전달하지 못했음을 그 동안 늘 부끄럽게 생각하여 왔다. 다행히 재판을 내게 되어 다시 내용과 문장을 가다듬기에 나름대로의 정성을 쏟았다. 보다 많은 사람들이 프란치스꼬 성인에게 닿기를 원한다.

번역의 원본으로는 Marion A. Habig이 편집한 *St. Francis of Assisi: Ominibus of Sources*(Chiacgo, Illinois: Franciscan Herald Press, 1972)를 사용하였다. 사실에 보다 충실하기 위해 Morimento Francescano에서 출판한 Fonti Francescane(Bologna; Gamma 출판사, 1977)를 참고하였다.

역자

서장

1. 진실로 겸손하고 가난한 사랑하는 모든 사람들에게 내리는 우리 구세주 하느님의 은총이 가장 최근에 당신의 종 프란치스꼬에게서 분명히 나타나기 시작했다. 그분 안에서 우리는 하느님의 자비의 지극함을 묵상할 수 있으며 그의 모범은 우리로 하여금 불경건한 생활과 세속적인 욕심을 버리게 하며 또한 우리의 복된 희망을 열심히 바라면서 그리스도처럼 살도록 한다. 그는 경멸당하고 천시당했으나 지극히 높으신 분은 당신을 낮추고 친절로 대하시어, 그를 단지 잿더미에 뒹구는 번민에서 들어 높이시고 세상에서 그를 뽑으시는 것으로 만족하지 않고 그가 복음적 완덕의 삶을 증거하도록 고취시키고 그를 지도자와 사도로 만드셨다. 그가 빛을 증거함으로써 신앙인들의 마음에 빛과 평화의 길인 주님께로 나아가는 길을 준비한다고 믿는 사람들에게 그는 빛이 되기로 되어 있었다. 자신의 생활과 가르침의 영광스런 광휘로써 프란치스꼬는 구름 사이에서 빛나는 샛별(집회 50,6)과 같이 자신에게서 나오는 밝은 빛으로 죽음의 그늘 밑 어둠 속에 사는 이들을 빛으로 인도하였다. 영광의 구름 속에서 빛나는 무지개와 같이(집회 50,7) 그는 자기의 몸 안에 하느님과의 계약을 지키겠다는 맹세를 품고서 마치 진실한 평화의 천사처럼 인간

에게 평화와 구원의 좋은 소식을 가져다주었다. 세례자 성 요한처럼 그는 광야 가운데서 길을 - 즉 완전한 가난 속에 내포되어 있는 완전한 포기로써 - 준비하도록, 또한 말과 표양으로써 회개를 가르치도록 하느님으로부터 뽑혔다.

하느님은 그를 거룩한 은총으로 채워주셔서 그는 영웅적인 덕으로 찬미를 받게 되었다. 그리고 그가 세라핌 천사에 상당할 만한 사랑의 불길로 타오르고 있는 동안 그는 예언의 영으로 가득 차 있었고 천사의 직책을 맡고 있었다. 천사의 반열에 속해 있는 사람처럼 그는 불수레에 태워져 하늘로 들어올려졌다. 그래서 그의 인생 행로에서 알게 되듯이 "엘리야의 정신과 능력을 가지고"(루가 1,17) 그가 온 것에 대해서는 아무런 의심도 있을 수 없다. 그러므로 신랑되신 예수의 또 다른 친구, 즉 사도이며 복음사가인 요한이 한 예언에 나오는 살아 있는 하나님의 인호를 지니고서 동족으로부터 오고 있는 천사의 이미지로 언급된 사람이 그라는 사실을 믿을 만한 온갖 이유가 있는 것이다. 요한 사도는 묵시록에서 우리에게 말하고 있다. 여섯째 봉인을 떼셨을 때에 "또 보니 다른 천사 하나가 살아 계신 하느님의 도장을 가지고 해돋는 쪽에서 올라오고 있었습니다"(묵시 7,2).

2. 그의 뛰어나고 완벽한 성덕을 고려해 본다면 우리는 온갖 의심의 여지를 넘어서서 이 하느님의 전갈자는 바로 그리스도에게서 사랑받을 가치가 있으며 우리에게 모범이 되고 전 세계가 칭송하는 하느님의 종 프란치스꼬라는 것을 알 수 있을 것이다. 심지어 이 세상에서 사람들과 사는 동안마저도 그는 천사들의 하자 없는 상태를 함께 누

리고 있어서 주님을 완전히 따랐던 사람들의 본보기가 되었던 것이다. 우리는 이것을 확신할 만한 많은 근거를 갖고 있다. 무엇보다도 먼저 그는 "너희를 불러모아 통곡하며 애곡하며 머리털을 뜯으며 베옷을 입으라고"(이사 22,12) 하며 회개의 십자가를 그어주고 십자가 모양으로 된 자신의 수도복을 입혀주며 "탄식하며 우는 사람들의 이마에 표를 해주는"(에제 9,4) 사명을 받았던 것이다. 그러나 이것 외에도 우리들은 더할 나위없는 증거를 지니고 있으니 이것은 그의 몸에 새겨져 있고 그리고 그를 살아 있는 하느님 즉 십자가에 못박힌 그리스도와 같이 만든 진실 그 자체의 표지이다. 이것은 자연의 힘으로 이루어진 일도 아니며 인간의 행위로 이루어진 일도 아니고, 오직 살아 있는 하느님의 성령이 지닌 기적의 힘으로 성취된 것이다.

3. 나는 그처럼 우리가 본받을 만하고 우리의 모든 존경을 받을 만한 가치가 있는 사람의 생애를 쓰기에 나 자신이 보잘것없고 능력이 없다는 것을 알고 있다. 그래서 만일 나의 형제 수사들의 열렬한 바람과 총회의 한결같은 요구가 아니었다면 이를 결코 시도하지도 않았을 것이다. 그 외에도 나는 그분에 대한 의무가 있기에 나는 이를 하지 않을 수 없다고 느꼈다. 나는 아직도 분명히 기억할 수 있거니와 어린 소년시절에 나는 사경을 헤매고 있었는데 오직 그의 중재로 인해서 살아날 수 있었던 것이다. 내가 만일 지금 그를 찬미하기를 거절한다면 감사할 줄 모른다고 비난받을 것이다. 나는 그를 통해서 하느님이 나를 구해 주셨다는 것을 깨닫고 있으며 나 자신의 체험으로 그의 중재의 능력을 알았으며 내가 지금 그의 생애를 쓰는 주요한 이유는 여기저기 흩어져 있고 부분적으로 잊혀져 있는 그의 덕과

그가 말하고 행한 모든 것에 관한 여러 가지의 기록들을 한데 모으고자 함이다. 그렇게 하지 않으면 이 모든 것들은 그와 함께 살았던 수사들이 죽을 무렵이면 다 잃어버릴 것이다.

4. 나는 후세들을 위해서 이것을 기록하기 전에 그의 생애에 관한 진실을 완전히 확신하고 싶고 또한 그것을 완전히 이해하기를 원했기 때문에 나는 그의 출생지로 가 보았으며 그가 살고 죽은 지방도 방문했다. 그곳에서 나는 아직도 살아 있는 그의 가까운 친구들과 이야기할 수 있었으며 특히 그의 성스러움을 직접 경험했고 그리고 그것을 스스로 본받고자 노력했던 사람들과 조심스럽게 회담할 수 있었다. 이들 증인들의 솔직성과 그들이 진실을 말하고 있다는 명백한 사실은 우리들이 그들의 증인을 분명히 믿을 수 있다는 것을 의미한다. 하느님이 선하심 가운데서 당신 종을 통하여 이루신 것을 기록하는 데 있어서 나는 문학적인 문체를 사용치 않기로 마음먹었다. 단도직입적인 기술이 어떠한 교묘한 문학적인 문체로 시도하는 것보다 독자들에게 더 많은 유익을 줄 수 있을 것이다. 이야기는 항상 연대적인 순서를 따라 적은 것은 아니다. 대신에 혼란을 피하기 위하여 나는 좀더 조직적으로 하여, 동시에 일어났지만 서로 다른 주제들에 관한 것들은 분리시키는 반면, 각각 다른 시각에 일어났지만 유사한 주제에 관한 사건들은 함께 모아 두었다.

5. 프란치스꼬의 생애는 처음부터 끝까지 15장으로 기술해 놓았다. 그 내용은 세속에서의 그의 생애 – 하느님께 완전히 그 자신을 맡기고 성당 셋을 수리하다 – 수도회의 설립과 회칙의 인가 – 그의 시도

아래서 수도원의 진보와 그 전에 승인된 회칙의 확인 – 그의 생활의 엄격함과 피조물이 그에게 준 위안 – 그의 겸손과 순종 그리고 그의 가장 작은 소망까지도 하느님께서 들어주심 – 청빈에 대한 그의 사랑과 그가 필요로 한 것은 기적적으로 채워짐 – 그의 동정심과 피조물이 그에 대해 지닌 사랑 – 순교에 대한 그의 강렬한 사랑과 갈망 – 기도에 대한 그의 헌신 – 성경에 대한 그의 이해력과 그의 예언의 영 – 그의 설교의 효력과 병을 낫게 하는 능력 – 오상 – 그의 끈기 있는 인내심과 죽음 – 그의 시성식과 유해의 운반이다.

마지막 부분은 그가 죽은 후 일어난 기적들을 적어 놓았다.

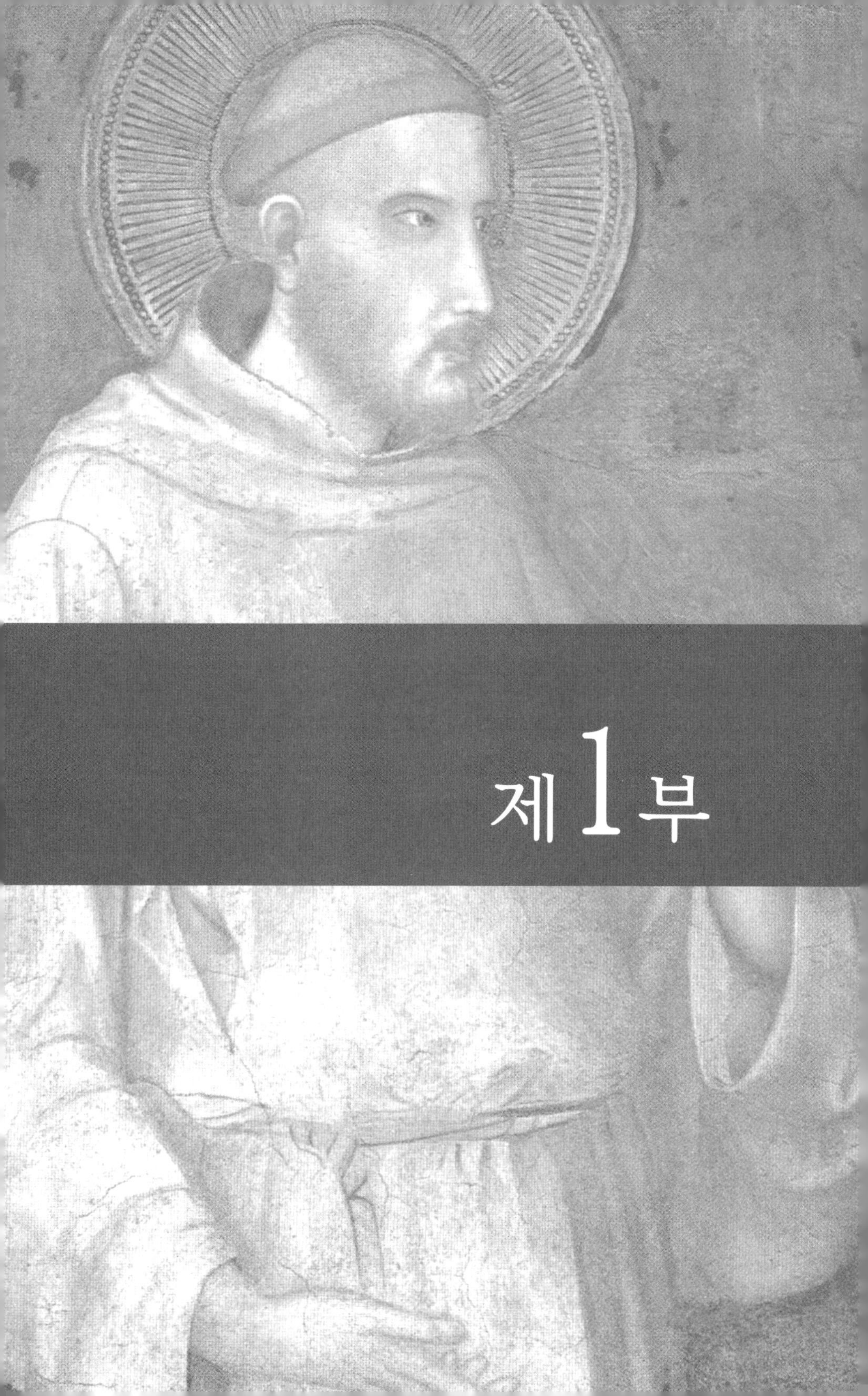

제1부

1. 아씨시라는 마을에 프란치스꼬라는 이름을 지닌 사람이 살고 있었다. 하느님은 당신의 선하심과 자비 안에서 풍성한 은총으로써 그를 대하시고 그에게 천상적인 사랑을 쏟으시며 그를 이 세속의 위험에서 구해 주셨기에 망인에겐 축복 있으라. 어린 소년이었을 때 프란치스꼬는 세속 사람들 가운데서 살았으며 그들과 마찬가지로 자랐다. 일단 읽고 쓰는 걸 좀 알게 되자 그는 수익이 좋은 상업에 종사하게 되었다. 그러나 하느님 은총의 도움으로 그는 항상 향락할 수 있었으나 쾌활한 친구들과 함께 있을 때조차도 결코 정욕의 유혹에 따르지 않았다. 그와 함께 산 사람들은 약삭빠른 사업가들이었으며 그 자신 또한 매우 돈벌기를 갈망했으나 부富를 축적하는 것에는 마음을 두지 않았다.

청년이었을 때 이미 그는 하느님께서 그의 마음에 불어넣어 준 가난한 사람들에 대한 아낌없는 동정심을 지니고 있었다. 이러한 마음은 그가 성장하였을 때에도 그와 함께 했으며 그의 마음을 자비심으로 가득 채웠기에 그는 복음에 귀기울이기를 마다하지 아니했으며 특별히 하느님께 대한 사랑을 위해서라면 그에게 다가오는 모든 사람들에게 희사하기로 마음먹었다. 한번은 그가 장사하느라 너무 바쁜 나머지 자기의 습관과는 반대로 하느님의 사랑으로 애긍을 청하는 거지에게 아무것도 주지 않고 보내버렸다. 그 후 자신이 한 일을 깨닫고는 그는 그 거지를 즉시 뒤따라가서 후한 희사를 하였다. 그때 그 자리에서 하느님의 사랑으로 간청하는 누구에게나 줄 것을 가지고 있는 한 결코 거절하지 않겠다고 하느님께 맹세했다. 그는 이 결심을 죽는 날까지 지칠 줄 모르는 충성심으로 지켰다. 그래서 그는 은총을 더욱더 받고 하느님께 대한 사랑이 더욱더 커지는 보답을 받았다. 후에 그가 그리스도 예수의 인격을 완전에까지 본받게 되었을 때, 자주 말하기를 자신이 세속에 있을 때조차도 사람들이 하느님의 사랑에 대해 말하는 것을 깊이 감동하지 않고는 거의 들을 수 없었다고 했다.

그의 선한 생활, 그의 온순함과 인내심, 은혜를 베푸는 데 있어서 거의 초인적인 자발성, 자기가 할 수 있는 것을 넘어서까지 관대함을 베푸는 것과 함께, 그의 명랑한 태도는 젊은이로서는 그가 뛰어나다는 것을 잘 나타내 보였다. 그것들은 풍족한 하느님의 축복이 미래에는 어느 때보다도 더욱 풍족히 그에게 내릴 것이라는 것을 시사하는 다가올 일의 징조처럼 보였다. 사실 하느님의 영감을 받았던 것같이 보이는 그 마을의 한 시민이며 매우 소박한 한 사람은 어느 날 아씨시의 프란치스꼬를 만났을 때 자기의 외투를 벗어 그의 발아래 깔고 프란치스꼬가 앞으로 위대한 일을 하고 모든 교회로부터 존경받을 것이기 때문에 모든 이의 존경을 받아 마땅하고 말했다.

2. 그러나 그때까지 프란치스꼬는 그에 대한 하느님의 계획을 조금도 몰랐다. 그는 아버지의 사업에 완전히 몰두하고 있었으며 그의 마음은 인간성의 타락 때문에 세속의 일에 몰두하였다. 그래서 그는 결코 그의 마음을 하늘로 끌어올리는 것을 배우지 못했고, 천상적인 실체의 맛을 얻지 못했다. 역경은 사람의 정신적인 지각을 예리하게 하는 데 가장 좋은 수단이다. 그래서 그는 야훼의 손에 잡혔으며 가장 높으신 분이 그에게 관대함을 베푸셨다(에제 1,3 참조). 하느님은 그의 영혼이 성령을 받을 준비를 하도록 오랜 병고로 그를 낮추셨다. 그가 회복되어 보통 때와 같이 신분에 걸맞은 옷을 입고 나가려다가, 귀족 출신이지만 너무 가난하여 옷차림이 남루한 한 기사를 만났다. 프란치스꼬는 측은히 여겨서 즉시 자신의 옷을 벗어 그에게 주었다. 한번으로 그리고 동시에 이중의 의무를 이루어 낸 것이니 첫째는, 가난한 사람을 가난으로부터 구한 것이고, 또 하나는 귀족을 난처함으로부터 구하였던 것이다.

3. 그날 밤 그가 잠들었을 때 선하신 하느님께서 그에게 덧옷에 그리스도의 십자가가 새겨진 갑옷이 가득찬 훌륭한 궁전의 환시를 보여주었다. 하느님은 그가 하느님에 대한 사랑으로 가난한 기사에게 베푼 친절이 비교할 수 없을 만큼 큰 보답으로 갚아질 것이라는 것을 그에게 알리고자 함이었다. 그리고 프란치스꼬가 이 모든 것이 누구 것이냐고 물었을 때 그는 하늘로부터 이 모든 것은 자신과 자신의 기사들을 위한 것이라는 소리를 들었다. 그는 하느님의 비밀스런 계시를 해득한 경험이 없어서 보았던 것의 외양적인 것 너머 있는 그가 알 수 없는 진실까지는 꿰뚫어보지 못했다. 그래서 아침에 일어났을

때 그는 이 이상한 환시는 그가 큰 성공을 하게 되리라는 것을 의미하는 걸로 받아들였다. 그는 자신에 대한 하느님의 계획에 대해서는 여전히 몰랐으므로 환시가 지시해주고 있는 것같이 군인으로서 뛰어나길 바라면서 아뿔리아의 고위 기사가 되고자 입대할 준비를 하였다. 그는 바로 그 후 출발해서 다음 도시에 도착해서 잠이 들었을 때 하느님께서 자기를 부르시는 것을 들었다. "프란치스꼬야, 누가 너를 위해 더 많은 것을 해 줄 수 있겠느냐? 주인이냐, 혹은 그의 종이냐? 부자냐 혹은 거지냐?" 프란치스꼬가 주인, 즉 부자가 더 많은 것을 할 수 있다고 대답했을 때 "그러면 왜 너는 주님을 버리고 종에게 더욱 너 자신을 바치고 있느냐? 왜 너는 무한히 부유하신 하느님 대신에 거지를 택했느냐?"라는 실문을 받았다. "주여, 당신은 제가 무얼 하길 원하십니까?" 하고 프란치스꼬가 물었다. 하느님은 그에게 "네 고향으로 돌아가라, 네가 보았던 환시는 사람의 뜻이 아니라 하느님의 뜻으로 네 안에서 이루어질 영적인 일을 예언한 것이다"라고 말씀하셨다. 아침에 프란치스꼬는 지체하지 않고 아씨시로 돌아갔다. 그는 너무 기뻤고 미래에 대한 걱정도 없었다. 그는 이미 순종의 귀감으로 끈기있게 하느님의 뜻을 기다렸다.

4. 그는 상업의 바쁜 생활로부터 벗어나, 하느님께서 당신의 선하심으로 자신이 해야 할 일을 가르쳐 주실 것을 간청했다. 그는 끊임없이 기도하여 마침내 그는 하느님께 대한 강렬한 열망으로 다 쇠진되고 천상의 고향에 대한 바램으로 모든 세상을 기꺼이 포기하고 더이상 생각하지 않을 준비가 되어 있었다. 그는 밭에 감추어진 보화를 발견했음을 깨달았으며 복음에 나오는 현명한 장사꾼처럼 어떻

게 하면 그가 가진 모든 것을 팔아 발견한 진주를 살 수 있는가 하는 것밖에는 아무것도 생각할 수 없었다. 그는 여전히 어떻게 해야 할지를 몰랐으나 그러나 동시에 그는 영적인 모험은 세상을 거부함으로써 시작할 수 있고 또한 자신을 이기는 것이 그리스도께 봉사하는 첫 발자국이 되리라는 결론을 내리지 않을 수 없었다.

5. 어느 날 아씨시 아래 있는 들을 말을 타고 가다가 프란치스꼬는 한 나병환자를 만났다. 전혀 뜻밖에 만난 것이어서 프란치스꼬는 그를 보았을 때 혐오감을 느꼈다. 그때 그는 그리스도의 기사가 되기를 원한다면 먼저 완전한 자가 되어야 하며 자기 자신을 극복해야 할 필요가 있다는 자신의 결심을 상기했다. 그는 즉시 말에서 내려 그 불쌍한 사람에게 달려가 입맞추었다. 그 나병 환자는 무언가 얻기를 바라며 손을 내밀었다. 프란치스꼬는 돈을 그 손에 쥐어 주고는 키스하였다. 그리고 말에 올라타 사방으로 이리저리 똑똑히 바라보았으나 거기엔 나병환자의 자취도 없었다. 그는 깜짝 놀랐으나, 그의 마음은 기쁨으로 넘쳤고 미래에 더욱 열심히 일할 것을 결심하며 큰 목소리로 하느님을 찬양하였다.

그 후 그는 자신의 죄를 참회할 수 있는 외딴곳을 번번이 찾기 시작했고 그리고 그곳에서 말로 다 할 수 없을 만큼 괴로워하며 그의 전 영혼을 토로하여 그는 결국 길고도 끈질긴 기도 끝에 하느님께서 들어주시기에 합당하게 되었다. 어느 날 그가 평상시 자주 가는 한 곳에서 기도하고 있을 때 그는 열정에 넘쳐 하느님께 완전히 몰두되었다. 그때 십자가에 달리신 예수 그리스도께서 그에게 나타나셨다. 그의 영혼은 그분을 보자 녹아버렸고 그리스도의 사랑은 그의 마음속 깊이 생생하게 새겨져서, 후에 그의 생의 마지막 무렵에 그가 고백하였듯이, 그것을 생각할 때마다 그는 한숨과 눈물을 막을 수 없었다. 그는 즉시 이런 성경 말씀이 자신에게 전해졌음을 알았다. "나를 따르려는 사람은 누구든지 자기를 버리고 제 십자가를 지고 따라야 한다"(마태 16,24).

6. 이제 프란치스꼬는 겸손의 깊은 의미를 간직하고서 가난의 정신과 심오한 동정심을 가지는 태도를 키웠다. 그는 이전에는 나병환자들을 보는 것을, 심지어 먼발치에서 보는 것조차도 결코 참을 수 없어서 그들을 만나기를 피했다. 그러나 지금은 완전한 자기 비하卑下에 다다르기 위해 그는 그들에게 모든 겸손과 친절로써 선심을 나하여 봉사했다. 왜냐하면 예언자 이사야가 십자가에 달리신 그리스도는 나병환자처럼 여겨지고 경멸당했다고 우리에게 말해주고 있기 때문이다. 프란치스꼬는 자주 그들의 집을 방문했고 그들 손과 입술에 깊은 동정심으로 입맞추며 그들에게 관대하게 자선을 베풀었다.

거지가 그에게 다가올 때 그는 가진 것을 주는 것에만 만족하지 않았다 – 그는 그들에게 자기 자신을 전부 주고 싶어했다. 때로 수중에 줄 것이 아무것도 없으면 옷을 벗어서 그들에게 주었으며 아니면 옷을 찢어 조각이라도 주었다. 그는 어려운 처지에 놓인 신부님들을 존경심을 지니고 경건하게 도와주었는데 특히 제단의 유지와 관련된 일일 때는 더욱 그랬다. 이런 식으로 하느님께 경의를 바치는 사람들의 빈곤을 구제하면서 하느님께 바치는 경의의 한몫을 담당하게 되었다. 이 기간에 그는 또한 성 베드로의 무덤을 순례했다. 교회 앞에 모여 있는 많은 거지 무리들을 보았을 때 그는 어느 정도는 자기 내부의 신심에 의해 이끌리고 또 어느 정도는 가난에 대한 사랑에 의해 감동되어 그들 가운데 가장 가난한 사람에게 자신의 옷을 주었다. 그러고 나서 그는 그 거지의 누더기 옷을 입혔고 영혼의 진기한 기쁨으로 가득 차 거기에 모인 군중들 가운데서 하루종일을 보냈다. 이렇게 하여 그는 세상 사람들이 존경하는 빛을 일으키는 것을 배우게 되고, 점차적으로 복음을 완전히 지키는 경지에 다다르게 되었다. 그는 외적인 고행에 큰 관심을 쏟았고 그래서 그의 전 생애는 그의 마음속에 새겨진 그리스도의 십자가에 의해 다스려지게 되었다.

이 모든 일은 프란치스꼬가 여전히 세상의 속인으로서 살고 있을 때 일어났던 것이다.

2 하느님께 완전히 자신을 맡기고 성당 셋을 수리하다

1. 이 모든 시기 동안 그리스도는 줄곧 프란치스꼬의 유일한 안내자였으며 이제 다시 한번 그리스도는 선하심 가운데서 그 은총의 달콤한 감화력으로 중재하셨다. 이느 날 프란치스꼬가 야외에서 묵상하기 위해 시내를 떠나서 오래되어 다 허물어져 가는 성 다미아노 성당 곁을 지나가게 되었을 때, 그는 들어가서 기도하고 싶었다. 그 성당에서 십자가에 못박히신 예수님이 그려진 상 앞에 무릎을 꿇고 기도할 때 그는 영혼의 큰 안식을 얻었고, 십자가를 응시했을 때 그의 눈은 눈물로 가득 찼다. 그때 갑자기 그는 십자가로부터 세 번이나 그를 부르는 목소리를 들었다. "프란치스꼬야, 가서 나의 집을 고쳐라. 이렇게 쓰러져 가는 것이 네 눈에는 보이지 않느냐." 프란치스꼬는 성당에 혼자 있었으므로 그 목소리에 놀랐다. 그러나 메시지의 힘은 그의 마음을 꿰뚫었으며 그는 탈혼되었다. 마침내 그는 자신에게로 되돌아와서 받은 명령을 준수할 준비를 했다. 비록 그 메시지는, 후에 성령이 그에게 이를 깨닫게 하고 그가 수사들에게 설명하였듯이, 사실은 그리스도가 "자신의 피로 값을 치르고 얻으신"(사도 20,28) 전 세계의 교회를 말한 것이지만 그는 헐어진 성 다미아노 성

당을 수리하는 데 기꺼이 자신을 바치고자 하였다.

성호를 긋고 그는 즉시 계획에 착수했다. 장사를 할 천을 몇 꾸러미 들고 곧장 폴리뇨에 가서 자기가 타고 온 말과 함께 그것들을 팔았다. 그리고 나서 아씨시로 돌아와 수리하라는 말을 들은 그 성당에 들어갔다. 거기서 책임을 맡고 있는 가난한 신부를 만나 공손하게 인사를 하고 성당수리와 가난한 사람들을 위해 써달라고 그 돈을 내놓고, 잠시 동안이라도 자신이 그와 함께 살게 해달라고 간청했다. 그 신부는 그가 머무르겠다는 데는 동의했으나 그의 양친을 두려워하여 그 돈을 받는 것을 거절했다. 어떤 형태의 돈이든지 돈을 싫어하는 프란치스꼬는 돈을 창턱에 던져두고 먼지인 양 그 돈에 더 이상 관심을 갖지 않았다.

2. 프란치스꼬의 아버지는 그가 신부와 함께 살고 있다는 것을 듣고는 매우 당황하여 지체없이 서둘러 성당으로 달려갔다. 자기를 찾고 있는 사람들의 협박을 듣고 또 그들이 가까이 다가오고 있다는 것을 알고 프란치스꼬는 비밀 동굴에 숨었다. 그는 그리스도께 봉사하는 일에 익숙지 못해 아버지의 화를 피하고 싶었다. 그는 하느님께 박해자의 손으로부터 그를 구해 줄 것과 선하심으로써 그분 스스로 자기에게 고취시킨 열망을 이루어 낼 수 있게 해달라고 끊임없이 눈물로써 애원하며 많은 날을 숨어 지냈다. 마침내 그는 넘치는 기쁨으로 가득 차 자신을 결단력이 부족한 겁쟁이라고 꾸짖게 되었다. 이에 그는 두려움을 버리게 되었고 숨었던 장소에서 나와 아씨시를 향해 갔다. 마을 사람들은 그의 야위고 변한 모습을 보고 그가 미쳤다고 생각했다. 그들은 그가 미친 사람이기라도 한 것처럼 그의 뒤에서 모욕을 퍼부으며 돌과 진흙을 던졌다. 그러나 프란치스꼬는 그런

모든 것에 귀머거리가 되었고 어떠한 모욕도 그를 좌절시키거나 변화시키지는 못했다. 그의 아버지가 그 소동을 듣고 아들을 감싸지 않고 꺾으려 작정하고 그의 뒤를 쫓아왔다. 동정심일랑 아예 바람결에 내동댕이치고 그는 아들을 집으로 끌고 들어와 처음에는 말로써 다음에는 매로써 설득시켜 보려고 애쓰다가 마침내는 그를 쇠사슬로 묶어 가두어 버렸다. 그러나 이것은 프란치스꼬로 하여금 자신의 계획을 수행하려는 데 있어서 이전보다 더욱 열심하고 더욱 확고하게 만들었다. 왜냐하면 프란치스꼬가 "옳은 일을 하다가 박해를 받는 사람은 행복하다. 하늘 나라가 그들의 것이다"(마태 5,10)라는 성경 말씀을 깨달았기 때문이다.

3. 잠시 후에 그의 아버지는 멀리 갈 일이 생겼다. 남편의 행동에 결코 찬성할 수 없었던 그의 어머니가 프란치스꼬를 풀어주고 자유롭게 해 주었다. 그녀는 그의 굳은 결심을 깨뜨릴 수 없다는 것을 알았던 것이다. 프란치스꼬는 하느님께 감사드리고 전에 있던 곳으로 되돌아갔다. 그의 아버지는 되돌아와서 그가 없어진 것을 알고 아내에게 욕설을 퍼붓고 폭풍 같은 노여움에 차서 프란치스꼬를 찾아 나섰다. 아버지는 그를 집으로 못 데려올 경우 적어도 그를 마을 밖으로 쫓아내겠다고 맘먹었다. 그러나 하느님은 프란치스꼬에게 용기를 주어 그는 자진해서 아버지를 만나러 나와서는 아버지에게 자신은 학대나 감금을 두려워하지 않을 것이며 덧붙여 그리스도를 위해서라면 그 어떠한 고통이라도 즐겨 참아 받을 것이라고 단호하게 말했다. 그의 아버지는 그를 집으로 데려갈 가망이 없음을 깨닫고 잃어버린 자신의 돈을 되찾고자 했다. 마침내 돈이 창문턱에 얹혀 있

는 것을 보고 욕심 많은 그는 만족하고 다소 안정을 찾았다.

4. 그는 자기 돈을 되찾게 되자 프란치스꼬를 주교님에게 데려가서 거기에서 그의 모든 주장을 포기하게 하고 그가 가진 모든 것을 되돌려주게 일을 주선해 놓았다. 가난에 대한 참된 사랑으로 프란치스꼬는 기꺼이 동의했으며 스스로 주교 앞에 출두했다. 거기서 그는 지체없이 – 조금도 주저하지 않고 한마디 말도 듣거나 말하지 않고 – 즉시 옷을 벗어 그것을 아버지에게 되돌려주었다. 그때 그는 입고 있었던 좋은 옷 아래에 고행할 때 입는 거친 털옷을 맨살 위에 입고 있음이 드러났다. 그는 열정과 열심에 차서 그의 바지조차 벗어 주고 벌거벗은 채 서 있었다. 그때 그는 그의 아버지에게 "이제까지 나는 당신을 나의 아버지로 불렀습니다. 그러나 지금부터 나는 거리낌없이 '하늘에 계신 우리 아버지'를 부를 수 있습니다. 그분은 나의 모든 부요이며 나의 모든 신뢰를 그분께 둡니다"라고 말했다. 주교는 이것을 듣고 그의 열성에 놀랐다. 그는 선한 사람이었기에 벌떡 일어나 자신이 입고 있던 망토로 그를 감싸며 포옹했다. 그리고 그에게 입힐 옷을 가져오라고 말하였다. 그래서 그들은 주교의 한 농장 노동자의 것인 낡은 웃옷을 하나 그에게 주었다. 그는 감사하게 그것을 받고서는 거기에 분필로 자기 손으로 십자가를 그려 십자가에 못박히고 거지인 사람에게 알맞는 의복으로 만들었다.

그렇게 가장 높은 왕의 종은 십자가에 벌거벗은 채 매달린 사랑하는 주님을 따르고자 자신에 속한 모든 것을 벗어 던졌던 것이다. 그는 난파한 세상으로부터 벗어날 수 있게 해주는 구원의 수단인 십자가로 무장했다.

5. 프란치스꼬는 세상을 무시하고 모든 세속적인 욕망의 굴레로부터 해방되었기 때문에 그는 그 도시를 떠나 세상에 대한 근심 없이 혼자 있을 수 있는 장소를 찾았다. 그러한 곳에서 고독과 고요함 가운데 하느님의 은밀한 계시를 들을 수 있었다.

그 후 그가 불어로 기쁘게 하느님을 찬양하며 숲속을 걷고 있었을 때 갑자기 도둑의 습격을 받았다. 그들은 그를 위협하고 누구냐고 묻자 "나는 위대한 왕의 사자이다"라고 예언적인 말로 용맹스럽게 대답했다. 그러자 그들은 그를 때리고 "거기 누워 있거라, 하느님의 시골뜨기 사자야"라고 말하며 눈 덮인 도랑에 그를 던져 버렸다. 그런 말을 하며 그들이 도망쳐 버리고 난 뒤 도랑에서 나와 기쁨에 넘쳐 모든 것의 창조주를 찬양하는 프란치스꼬의 소리가 숲에 메아리 쳤다.

6. 이윽고 그는 이웃 수도원에 도착해서 희사를 청해 받았는데 아무도 그를 알아보지 못했을 뿐만 아니라 관심도 기울이지 않았다. 그는 그다음 굽비오로 갔는데 거기에서 옛친구 한 사람이 그를 알아보고 반겨 주었다. 프란치스꼬는 거기서 낡은 외투를 얻었는데 그것을 마치 그리스도의 가난한 자처럼 받아들였다. 그 후 그는 진실한 겸손에 대한 사랑으로 자기 자신을 나병환자에게 바쳐 하느님에 대한 사랑의 위하여 그들에게 시중들며 그들과 함께 살았다. 그는 그들의 발을 씻어주고 상처의 고름을 짜주고 깨끗하게 씻고는 싸매 주었다. 그들에게 지극히 헌신했으며 그들의 상처에다 입을 맞추었다. 그는 곧 복음에 나오는 착한 사마리아 사람의 한몫을 담당하기 시작한 것이다. 그 보답으로 하느님은 그에게 지극한 치유의 능력을 주시어

영육간의 병에 대한 영향력은 기적적인 것이었다. 예를 들면 - 그의 이름이 더 잘 알려졌을 때 일어났던 많은 사건 중 하나만을 언급해 볼 것 같으면 - 스뽈레또의 이웃에 입술과 뺨이 썩는 병으로 고통받고 있던 한 사람이 있었다. 의사들은 그에게 아무것도 해줄 수 없었다. 그래서 그는 사도들의 중재를 청하기 위해서 로마로 순례를 떠났다. 집으로 돌아오는 길에 그는 성 프란치스꼬를 만났다. 그는 성인의 발등에 경건한 마음으로 키스를 하고 싶어했다. 그러나 프란치스꼬는 이를 허락지 않고 자기의 입술을 그 끔찍한 상처에 대었다. 그러자 즉시 그 병은 사라지고 아픈 사람은 건강을 회복하였다. 우리는 그로 하여금 이러한 행동을 하게 하는 그의 놀라운 겸손과 그리고 이러한 기적을 행하는 그의 뛰어난 능력 중에서 어느 것을 더 많이 찬미해야 하는가를 말하기는 어려운 것이다.

7. 이제 그리스도의 겸손 안에서 확고히 서서 프란치스꼬는 성 다미아노 성당을 고치라고 십자가로부터 들은 명령을 기억하고 있었다. 그는 순명의 참된 아들이어서 거룩한 명령에 복종하기 위해 필요한 것들을 구걸하면서 아씨시로 되돌아왔다. 가난하고 십자가에 못박힌 그리스도에 대한 사랑을 위해 부끄러움을 극복하고 자기를 부유한 젊은이로 알고 있었던 사람들에게 희사를 청하였다. 그리고 자기 자신은 단식으로 약하고 기진해 있었음에도 불구하고 스스로 돌을 져 날랐다. 하느님의 도움과 마을사람들의 협동으로 마침내 성 다미아노에서의 일을 끝마쳤다. 그다음에 게을러지는 것을 피하기 위해 그는 성 베드로에게 봉헌된 다른 성당을 수리하기 시작했다. 이 성당은 마을에서 더 멀리 떨어져 있었다. 순결하고 순백한 신앙에서

그는 항상 사도들의 왕자에게 큰 경건심을 가지고 있었다.

8. 거기 일을 끝내고 그는 지금은 아무도 돌보는 이 없이 버려진 것으로 성모 마리아께 봉헌되어 있는 한 오래된 성당이 있는 '뽀르치웅꼴라' 라 불리는 곳으로 갔다. 프란치스꼬는 세계의 여왕께 깊은 공경심을 지녔기에 그 성당이 황폐한 것을 보고 그것을 수리하기 위해 거기서 계속 지내기 시작했다. 그는 천사들이 그곳을 종종 방문하기 때문에 천사들의 성 마리아 성당이라고 불린다는 이야기를 들었다. 그는 천사들에 대한 존경심에서 또 그리스도의 어머니께 대한 사랑에서 영원히 그곳에서 머무르기로 결심했다. 그는 세상의 다른 어떠한 곳보다 이곳을 좋아했다. 그가 매우 작은 방법으로 종교적 생활을 시작한 곳도 바로 여기였으며, 그토록 뛰어난 발전을 이룬 곳도 여기였으며, 그가 행복하게 생을 마친 곳도 여기였다. 그는 죽을 때 형제 수사들에게 이곳을 다른 어떠한 곳보다 먼저 부탁하였다. 왜냐하면, 그곳은 성모 마리아께서 가장 사랑하시는 곳이기 때문이었다.

수사들 중 한 사람은 수도원에 들어오기 전에 뽀르치웅꼴라에 대한 한 환시를 보았다. 그는 많은 장님들이 성당 주위에 둥글게 모여 무릎을 꿇고 하늘을 쳐다보고 있는 것을 보았다. 울음섞인 목소리로 손을 뻗치고는 하느님께 자기들을 불쌍히 여기시어 볼 수 있게 해달라고 울부짖었다. 그때 밝은 빛이 하늘로부터 내려와 그들 모두를 감싸고는 그들에게 갈망하던 시력과 건강을 되돌려주는 것이었다.

이곳은 성 프란치스꼬가 신적인 영감에 의해 작은 형제회를 세운 곳이며 그가 수도원을 세우고 복음을 설교하기 전에 세 성당을 수리하게 그를 인도한 것은 바로 하느님의 섭리였다. 이것은 그가 물질적인 것에서부터 더욱더 영신적인 성취로, 정당한 순서로 적은 것에서부터 더 위대하게 발전한 것을 의미하며 또한 그것은 그가 성취할 것을 예언적으로 가리키는 것이다. 그가 수리한 세 건물과 같이 그리스도의 교회는 프란치스꼬의 지도 아래, 또 그의 회칙과 가르침에 따라 세 가지 다른 방법으로 새로워지게 될 것이며 그리고 구원을 받게 될 사람들로 이뤄진 이 세 겹의 군대는 승리하게 되어 있었다. 우리는 현재 이 예언이 실현되었음을 볼 수 있다.

3 수도회의 설립 — 회칙이 인가되다

1. 그는 성모의 성당 옆에서 살고 있으면서 은총과 진리가 충만하신 말씀을 잉태하셨던 그녀에게 끊임없이 그리고 눈물로써 자신의 변호사가 되어주길 간청하며 기도하였다. 그 후 그는 사비하신 어머니의 중재로 복음의 진실한 정신을 허락받아 그는 그것이 결실을 맺도록 하였다. 한 사도의 축일인 어느 날 그는 미사에 참례하고 있었는데, 그때에 우리의 주님이 당신 제자들을 설교하라고 보내시면서 복음에 따라 생활해야 하는 방법에 대해서 말씀하시는 복음의 구절이 나왔다. 프란치스꼬는 제자들이 "전대에 금이나 은이나 동전을 넣어 가지고 다니지 말 것이며 식량자루나 여벌 옷이나 신이나 지팡이도 가지고 다니지 말아야 한다"(마태 10,9-10)는 것을 들었을 때 너무도 기뻤다. 그는 사도적 가난에 대한 사랑으로 이 구절의 의미를 즉시 파악하고 기억에 새겼다. "이것이야말로 내가 원하던 것이다" 또 "이것은 내 진심으로 갈망하던 바이다"라고 외쳤다. 바로 그때 그 자리에서 그는 신을 벗고 지팡이를 버렸다. 그는 어떤 종류의 돈이나 부흡든지 싫어하였으며 단지 겉옷 하나만 입고는 가죽혁대 대신에 띠로 바꾸어 맸다. 그의 마음이 전적으로 바라는 것은 자기가 들

은 것을 실천에 옮기는 것이며 모든 것에 있어서 사도들에게 주어졌던 생활의 규칙을 따르는 것이었다.

2. 신적인 영감에 의해 그는 이제 복음적인 완덕을 좇기 시작했으며 또한 다른 이들로 하여금 회개의 생활을 하도록 초대하였다. 그의 말은 성령으로 가득 차 있었으며 결코 공허하거나 우스꽝스런 것이 아니었으며, 그 말은 마음에 곧바로 전달되었다. 그래서 그의 청중들은 놀랐던 것이다. 그의 모든 설교에 있어서 그는 청중들에게, 그가 후에 확신하듯이, 계시에 의해 배운 인사의 한 형식인 "주께서 당신들에게 평화를 주시기를"(참조: 요한 14,27)이라고 말하면서 평화를 기원하는 것으로 시작하였다. 그는 예언자들의 영으로 고취되어 평화와 구원을 외쳤다. 유익한 경고로 그는 전에 그리스도와 반목하고 구원에서 멀리 떨어져 있었던 많은 사람들을 진실한 평화의 유대 안에서 일치시켰다.

3. 그의 설교의 힘과 그의 생애의 신실성이 알려지게 되자 다른 사람들은 그의 표양에 감동되어 회개의 생활로 옮겨갔다. 그들은 가지고 있는 모든 것을 포기하고 그와 생활을 같이하고 그와 같은 옷을 입고자 왔다. 그러한 사람들 가운데 첫 번째 사람이 베르나르도로, 그는 하느님으로부터 불림받은 유덕한 사람으로서 시간적으로도 거룩함에 있어서도 프란치스꼬의 첫 아들이 되었다. 그가 스스로 프란치스꼬의 거룩함을 알게 되었을 때 그는 그의 모범을 따라 세상을 완전히 버리기로 결심하고 이것을 실천할 수 있는 최선의 방법에 관해 그가 충고해 줄 것을 청했다. 베르나르도의 말을 듣고 프란치스

꼬는 성령의 위안으로 가득 찼으며 첫 제자와 합하게 되리라는 것을 깨달았다. 그래서 그는 "우리는 이것에 대해 하느님의 충고를 청해야 합니다"라고 말하였다. 아침에 그들은 성 니꼴라오 성당으로 가서 거기에서 기도하며 시간을 보냈다. 그러고 나서 프란치스꼬는 하느님에게 세 번의 증거를 보여주심으로써 베르나르도의 계획을 확인해 줄 것을 간청하며 복된 성삼위를 기려 복음서를 세 번 펼쳤다. 처음에는 "네가 완전한 사람이 되려거든 가서 너의 재산을 다 팔아 가난한 사람들에게 나누어 주라"(마태 19,21)란 말씀이 나왔다. 두 번째는 "길을 떠날 때 아무것도 지니지 말라"(루가 9,3)란 구절을 보았고, 세 번째는 "나를 따르려는 사람은 누구든지 자기를 버리고 제 십자가를 지고 따라야 한다"(마태 16,24)는 하느님의 말씀이 그들의 시선을 잡았다. 성 프란치스꼬는 "이것이야말로 우리의 생활이며 회칙입니다. 우리와 합하고자 하는 사람은 모두 이것을 실천할 준비를 갖추어야 합니다. 그러므로 완전한 자 되고자 하는 마음을 지녔다면 집에 가서 들은 대로 행하시오"라고 말하였다.

4. 얼마 되지 않아 다른 다섯 사람도 똑같은 영적 부름을 느꼈다. 그래서 프란치스꼬를 따르는 자의 수는 여섯 명으로 불어났다. 그와 결합한 사람들 중 세 번째 사람은 에지디오 형제였는데 그는 하느님으로 가득 차 있었으며 모든 점에 있어서 그가 남긴 훌륭한 이름에 합당한 사람이었다. 그는 매우 평범했고 배우지 못했으나 프란치스꼬가 예언한 대로 영적인 덕을 실천함으로써 유명하게 되었고 천상적 관상의 경지로 들어높임을 받았다. 그는 계속해서 하느님께 자신의 마음을 들어올렸으며 내 눈으로 직접 보았듯이 그는 너무도 자주

탈혼에 빠져 마치 그는 지상에서 살고 있었을 때 천사들과 맞먹는 생활을 하는 것 같았다.

5. 또한 이때 아씨시 출신 신부이며 훌륭한 사람인 실베스테르 신부는 우리가 말없이 지나쳐 버릴 수 없는 한 환시를 보았다. 처음에 그는 프란치스꼬와 그의 형제들이 행하는 방법을 보았을 때 이를 순전히 인간적인 방법으로 보고는 혐오감을 느꼈다. 그러나 그때 하느님이 무모하게 성급한 그를 구하기 위해서 은총을 지니시고 그를 방문하셨다. 그는 꿈을 꾸었는데 그 꿈에서 아씨시 전체가 거대한 뱀에 감긴 채 꼼짝 못하고 있었고 이 뱀은 거대한 몸집으로 그 지역 전체를 파괴하려 위협하였다. 그때 그는 프란치스꼬의 입에서 황금 십자가가 나오는 것을 보았다. 그 십자가의 끝은 하늘에까지 닿았으며 그것의 양팔은 멀리 넓게 뻗어서 전 세계를 포옹하는 것 같았다. 뱀은 그것을 보자 완전히 굴복되었다. 실베스테르 신부는 그 환시가 하느님께로부터 온 계시란 것을 깨달았다. 그래서 그것을 세 번째로 보고 난 후에 그는 성 프란치스꼬와 수사들 모두에게 이것에 관해 이야기했다. 잠시 후에 그는 세상을 떠났으며 그리스도의 발자취를 너무도 지극한 인내로 따랐기에 수도원에서 보낸 그의 생애는 그가 세상에 있을 때 보았던 그 환시를 더 확고히 하는 데 도움을 주었다.

6. 성 프란치스꼬는 그 환시에 관해서 들었을 때 세속적인 자만심에 빠지지 않았다. 그는 하느님이 내려주신 재능 속에 깃들어 있는 하느님의 선을 꿰뚫어보았으며 자신의 온갖 지혜를 써서 인류의 적을 물리치는 일과 그리스도 십자가의 영광을 전파하는 데 더욱 열심하

였다. 하루는 인적이 드문 곳에서 잘못 보낸 시절에 대해 혼자 쓰라
린 마음으로 울고 있을 때에 성령의 기쁨이 그에게 흘러들어 그는
자기의 모든 죄가 이미 사해졌다는 것을 확신하게 되었다. 그는 탈
혼에 빠져서 경이로운 빛 속에 완전히 흡수되어 그의 영혼의 깊은
곳은 빛을 받아 반짝였으며 그는 자기 자신과 아들들을 위해서 미래
가 준비하고 있는 바를 보았다. 그 후 그가 다시 한번 수사들에게 되
돌아와서 그들에게 말했다. "나의 사랑하는 사람들, 용기를 가지십
시오. 그리고 하느님 안에서 기뻐하십시오. 우리가 단지 몇 명밖에
되지 않는다고 해서 당황할 필요는 없으며 경험이 없다고 하여 두려
워할 필요도 없습니다. 하느님은 모든 의심의 그늘 너머에서 당신의
은총으로 우리를 많은 숫자로 불어나게 해주시리라는 것과 수도회
가 멀리 널리 전파되리라는 것을 나에게 보여주셨습니다."

7. 이 무렵 수도회에 또 다른 훌륭한 사람이 들어와 프란치스꼬 아
들의 숫자는 일곱 명이 되었다. 그 후 그는 선한 아버지처럼 아들 모
두를 자기 주위에 모으고는 드디어 하느님의 천국에 대해서, 또한
각자의 의지를 버리고 세상에 마음을 두지 말고 회개해야 된다고 이
야기하였다. 마지막으로 나라 전역에 그들을 보내기로 결정했다고
그들에게 말했다. 그의 정신은 온갖 가식에서 벗어나고 생명을 주는
능력은 없는, 가난과 겸손의 정신이었으나 프란치스꼬는 이미 일곱
명의 제자를 끌어들였으며 전 세계로 하여금 회개하도록 초대하여
그리스도 안에서 새 생명을 주고자 갈망했다. 그래서 그는 동료들에
게 다음과 같이 말했다. "가서 만민에게 그들의 죄가 사해질 수 있
도록 평화와 회개의 소식을 전하십시오. 시련을 견디어내고 기도하

는 데 있어서 주의하며 결코 일하기를 그치지 마시오. 말하는 데 있어서는 삼가고 행동에 있어서는 질서 정연하며 은혜를 베푼 자에겐 감사히 여기십시오. 이렇게 하면 그 보답으로 영원한 왕국이 당신들을 위해 마련되고 있다는 것을 명심하시오." 수사들은 겸손히 그 앞에서 땅에 엎드리고는 진정한 영적인 기쁨을 지니고서 순종하라는 이 명령을 환영했다. 그 후 그는 그들 한 사람 한사람에게 개인적으로 이야기하였다. "너의 걱정을 야훼께 맡기어라. 주께서 너를 붙들어 주시리니"(시편 55,22). 이 말은 그가 겸손의 덕 안에서 수사들에게 명령을 내릴 때 들려주었던 것이다.

프란치스꼬는 수사들을 위해서 본보기를 세우는 것은 자기에게 달렸다는 것을 알았다. 그래서 그는 자기가 가르쳤던 것을 실천하고자 열망했다. 그렇기 때문에 그가 다른 여섯 사람을 십자가 모양으로 각기 다른 지방으로 보냈을 때에 그도 동료들 중 한 사람을 데리고 네 번째 방향으로 출발했던 것이다. 그러나 잠시 후에 그들 모두가 다시 보고 싶어졌는데 그들을 불러모을 방도가 그에겐 없었기에 "흩어졌던 이스라엘을 모아들이시는"(시편 147,2) 주님께 기도했다. 그래서 그들이 잠시 후 놀랍게도 어떠한 인간의 수단으로써 모이지 않고 예기치 못하게 그들 모두가 만나게 된 것은 바로 하느님의 은혜로운 섭리였던 것이다. 또 다른 네 명의 훌륭한 사람들이 그들과 합하게 되어 이제 그들의 숫자는 열두 명이 되었다.

8. 수사들의 숫자가 천천히 늘어나는 것을 보고 프란치스꼬는 자신과 동료들을 위한 짧고도 간단한 생활 규칙을 썼다. 이것은 흔들리지 않는 기초, 즉 복음을 따르는 것을 바탕으로 삼았으며 그리고 이

것에 그들의 공동생활에 필요하다고 여겨지는 몇 가지 규정을 덧붙였다. 그는 자신이 쓴 것을 교황으로부터 인가받기를 원했다. 그래서 모든 신뢰를 하느님 인도 안에 두고 교황 앞에 제자들과 함께 출두하기로 결심했다. 하느님은 사랑으로써 그의 소망을 보시고 다음과 같은 환시를 프란치스꼬에게 보여주심으로써 경험이 없다는 생각에서 두려워하는 수사들을 위로해 주셨다. 프란치스꼬는 자신이 양옆에 큰 나무가 자라고 있는 길을 따라 걷고 있는 것 같았다. 그는 가까이 가서 잠시 멈추어 서서 그 나무의 엄청난 높이에 탄복했다. 갑자기 그는 자신이 하느님의 힘에 의해서 허공에 들어올려지는 것을 느꼈다. 그래서 그는 조금의 어려움도 없이 나무의 꼭대기를 잡아서 땅으로 구부릴 수 있었다. 그는 하느님으로 가득 차 있었기 때문에 즉시 이 환시는 교황께서 당신을 낮추셔서 그의 의사를 받아들일 방법을 예언한 것이란 것을 깨달았다. 그래서 그는 기쁨에 가득 찼다. 그는 위안에 차서 수사들에게 말하고는 그들과 함께 여행길에 올랐다.

9. 그들이 교황청에 다다랐을 때 프란치스꼬는 교황 앞에 나아가게 되었다. 그때 교황은 라떼라노 성전에 있었다. 프란치스꼬의 내방이 알려졌을 때에 교황은 거울실이라고 알려진 홀을 깊은 생각에 잠겨 걷고 있었다. 그는 성인에 관해서 전혀 몰랐으므로 화를 내며 그를 돌려보냈다. 프란치스꼬는 모든 겸손을 다해 작별인사를 했다. 그다음날 밤 하느님은 교황님께 한 환시를 보여주셨는데 그 환시에서 교황은 자기 양발 사이에 종려나무 한 그루가 움터나와 훌륭한 나무로 자라는 것을 보았다. 그가 이 환시가 무엇을 의미하는 것인가 의아

하게 여기고 있을 때에 신적인 빛이 비쳐 그 종려나무는 그 전날 그가 되돌려 보내 버린 거지란 것을 명백하게 깨닫게 했다. 다음날 아침 교황은 프란치스꼬를 찾기 위해 시내를 뒤지라는 명령을 수종자들에게 내렸다. 그들이 성 안또니오의 영육원에서 그를 만났을 때 교황은 그를 지체없이 자기 앞에 데려오라고 명령했다. 프란치스꼬는 교황 앞에 나타나서 자기 계획을 말하고는 겸손하게 그리고 끈질기게 회칙을 인가해 줄 것을 간청했다. 교황 인노첸시오 3세는 뛰어난 학식으로서 유명했다. 그는 프란치스꼬의 결단력과 함께 놀랄 만한 마음의 순결성과 불타는 열성을 지닌 의지를 보았을 때 인가해주고 싶은 맘이 일었다. 그러나 몇몇 추기경에게는 그 모든 사상은 너무나 새로운 것이어서 그 회칙이 인간에게는 너무나 어렵다고 생각했다. 그래서 그는 프란치스꼬가 요구하는 것을 해주기가 망설여졌다. 추기경 중의 한 사람은 싼타 사비나의 주교인 성 바울로의 요한 추기경으로 그는 거룩함을 사랑하며 그리스도의 가난에 헌신한 사람이었다. 성령으로 가득 차서 그는 교황과 동료들에게 아래와 같이 말했다. "우리는 조심해야만 합니다. 만일 우리가 이 거지의 요구를 그것이 생소하거나 너무 어렵다고 해서 거절한다면 우리는 그리스도의 복음을 반대하는 죄를 짓게 되는 것인지도 모릅니다. 왜냐하면 그는 단지 복음적 생활의 한 형태를 인가해 주기를 우리에게 요구하고 있기 때문입니다. 복음적 완덕에 따라 살겠다고 맹세하는 것이 지키기에 너무도 생소하고 비합리적이라거나 아니면 너무 어려워 지킬 수 없다고 말하는 사람은 누구나 복음의 저자인 그리스도에 대해 불경죄를 짓는 것입니다." 이에 성 베드로의 계승자는 성 프란치스꼬에게 고개를 돌리고는 이렇게 말했다. "나의 아들이여, 그리스도께서 당신을 통해서 그분의 뜻을 우리에게 나타내 보이시도록 그분께 기도하시오. 우리가 그것을 확신할 수 있게 되면 우리들은 당신의 요구를 두려워하지 않고 허락해 줄 수 있습니다.”

10. 프란치스꼬는 즉시 자기 자신을 완전히 기도에 바쳤다. 그는 자신의 열정에 대한 보답으로서 무엇을 말해야 하는지를 알게 되었고 그리고 동시에 교황에게는 무엇을 생각해야 하는지 계시되었다. 프란치스꼬는 하느님으로부터 배운 한 이야기를 해드렸는데, 이것은 한 부유한 군주가 가난하지만 대단히 아름다운 여인과 스스로 원하여 결혼해서 많은 아이들을 그녀로부터 갖게 된 이야기였다. 그 아이들은 그를 대단히 닮았으므로 그들은 그의 식탁에 앉아서 식사할 권리를 가졌다는 것이다. 그리고 나서 프란치스꼬는 설명하는 식으로 아랫말을 덧붙였다. “영원 불멸하신 왕의 아들들과 후손들은 굶주려 죽을 위험은 없습니다. 그들은 성령에 의해 가난한 어머니로부터 왕이신 그리스도 형상을 입고 태어났습니다. 가난의 정신으로 우리 수도회 안에 태어날 사람들이 그들 뒤를 잇따를 것입니다. 만일 하늘에 계신 왕이 자신을 따르는 자들에게 영원한 왕국을 약속하신다면 그분은 선한 자나 악한 자나 구별 없이 허락하는 물질적인 것들을 틀림없이 그들에게 부족하게 하지는 않을 것입니다.” 교황은 이 이야기와 그것에 대한 설명을 듣고 놀랐으며 조금의 의심도 없이 그리스도가 그를 통하여 얘기하셨다는 것을 깨달았다. 바로 조금 전에 그는 하늘로부터 한 환시를 보았는데 그는 이제 신적인 영감에 의해 이것이 프란치스꼬 안에서 성취될 것이라고 단언했다. 그가 스스로 그 환시를 설명하였듯이, 그는 꿈을 꾸었는데 그 안에서

무너지려고 하는 라떼라노 대성당을 한 거지가 등으로 받치고 있는 것을 보았던 것이다. "이 사람은 틀림없이 그 사람입니다. 그가 하는 일과 그의 가르침으로써 그는 그리스도의 교회를 받칠 것입니다"라고 덧붙였다. 자신이 본 환시의 결과로서 교황은 프란치스꼬에 대한 존경에 가득 차서 조건 없이 그의 요구를 허락하였다. 그에게 항상 특별히 마음을 써 주었고 그가 요구하는 것은 허락해 주는 한편 장래 수사들에게 더 큰 힘을 주겠다고 약속했다. 그는 회칙을 인가하였으며 회개를 설교하라는 사명을 주고, 프란치스꼬 동료들 중 평신도들에게는 아무런 방해 없이 하느님의 말씀을 설교할 수 있도록 삭발례를 베풀어주었다.

4 수도회의 발전과 회칙의 확인

1. 하느님의 은총과 자신을 지지해 주는 교황의 인가에 힘입어 이제 프란치스꼬는 완전히 확신감을 가지고 스뽈레또 계곡을 향해 길을 떠났다. 기기에서 그는 그리스도의 복음을 설교하고 그것에 따라 생활하기로 결심했다. 동료들과 함께 여행을 하면서 그들은 어떻게 자기들에게 주어진 회칙을 참으로 신실하게 지킬 수 있는지 또한 어떻게 주님 앞에 거룩하고 올바르게 살 수 있는지를 의논하게 되었다. 그들은 또한 어떻게 자기 자신들을 향상시킬 수 있는지, 다른 사람들에게 좋은 표양을 보일 수 있는지 토론하면서 긴 이야기를 하는 동안에 이미 날이 저물었다. 그들은 피곤해 있었고 배고픔을 느끼기 시작했으므로 마침내 외롭게 뻗은 길 가운데 멈춰 섰다. 먹을 것을 얻을 희망이란 없는 것 같았다. 그러나 하느님은 예기치 않게 그들을 위해 마련해 주셨다. 한 사람이 빵을 가지고 홀연히 나타나서는 그들에게 그 빵을 주고는 자신이 어디에서 왔는지 어디로 가는지 알려주지도 않고 즉시 사라져 버렸다. 수사들은 온갖 궁핍에도 불구하고 프란치스꼬가 동행할 때면 하느님의 도우심이 있다는 것을 확신할 수 있었으며 하느님의 너그러우심을 생각하는 것이 자기들이 먹

은 음식보다도 그들에게는 더 큰 힘이 되었다. 그들은 신적인 위안에 가득 차서 아무리 심한 궁핍과 고통을 참아 견뎌야만 하더라도 거룩한 가난에 바쳤던 약속을 결코 깨뜨리지 않겠다는 굳은 결심을 했다.

2. 마침내 그들은 이러한 좋은 의향으로 가득 차서 스뽈레또 계곡에 도착했다. 거기에서 그들은 사람들 가운데서 살아야 할지 아니면 외딴곳에서 살아야 할지 토의하기 시작했다. 그리스도의 진실한 종인 프란치스꼬는 자기 자신의 의견이나 동료 수사들의 제의를 믿지 않고, 대신에 끈기 있는 기도로써 하느님의 뜻을 찾고자 애썼다. 마침내 하늘로부터 온 계시에 의해 자신은 그리스도를 위해 마귀가 빼앗아 가려고 애쓰는 영혼을 구하고자 하느님께로부터 보내졌다는 것을 깨달았다. 그래서 그는 자기 혼자만을 위해서 살기보다는 만민을 대신해서 죽기까지 하신 선하신 그분의 모범을 따라 모든 이들을 위해서 사는 길을 택했다.

3. 프란치스꼬는 동료들과 함께 아씨시 가까이 있는 버려진 오두막에 지내러 갔다. 거기에서 그들은 노역과 가난 속에서 가난의 회칙에 따라 겨우겨우 먹고살았으며 육신적인 음식에서 힘을 끌어내기보다도 눈물로부터 힘을 끌어냈다. 거기에서 그들은 끊임없이 기도하며 특히 열렬한 영적 기도에 전념하면서 시간을 보냈다. 그리고 그들은 아직 기도를 위한 전례용 책들을 가지고 있지 아니했기 때문에 성무일도를 노래할 수 없었다. 그리스도의 십자가가 그들의 책이었으며 그들은 자기들에게 십자가에 관해서 끊임없이 얘기하는 사

부님의 권고와 모범에 따라 그것을 밤낮으로 공부하였다. 수사들이 그에게 기도하는 법을 가르쳐 달라고 했을 때, 그는 "여러분들은 기도할 때 이렇게 말하시오. 오, 그리스도여! 우리는 온 세상에 있는 모든 교회에서 주를 예배하오며 주를 찬송하오니, 이는 주의 거룩하신 십자가로 온 세상을 구속하셨기 때문입니다"라고 말했다.

그는 또한 사제들을 특별한 존경심으로 공경하며, 가톨릭 교회가 알리고 가르치는 진실한 신앙에 굳게 따라가는 한편 그들에게 모든 창조물들과 합하며 하느님의 창조물 안에서 그분을 찬양하도록 가르쳤다. 이것이야말로 그들이 굳게 믿고 또 모든 단순함을 지니고 고백해야 할 것이었다. 수사들은 그의 가르침에 완전히 순종했으며, 그들은 심시어 번 곳에서 성당이나 십자가를 보았을 때도 언제나 겸손하게 무릎을 꿇고 그가 자기들에게 가르쳐준 대로 기도했다.

4. 그들이 이미 언급한 오두막에서 여전히 살고 있던 어느 토요일, 프란치스꼬는 아씨시로 들어갔다. 왜냐하면 일요일 아침에 관습대로 성당에서 설교하기로 되어 있었기 때문이다. 거기서 그는 습관대로 성당의 성전에 딸린 정원의 움막에서 그날 밤 기도를 하며 보냈다. 그는 육체적으로 형제들과 떨어져 있었다. 그러나 한밤중 무렵 그들 중 몇 사람은 기도하고 다른 사람들은 잠들어 있었을 때에 이상한 광채를 띠는 번쩍거리는 사륜마차가 오두막 문안으로 들어와서 방 주위를 이리저리 세 번 돌았다. 그것은 태양과 같이 둥근 모양이 빛에 의해 들어올려져 있었으며 어두움을 비추고 있었다. 깨어 있던 사람들은 아연해져 버렸으며, 다른 사람들은 놀라서 깨어났다. 그들은 그 빛이 방을 비추듯 자기들의 마음을 꿰뚫고 있다는 것을 느낄 수

있었다. 그리고 그들의 양심은 그 빛의 힘으로 각기 다른 사람들에게 드러나게 되었다. 그들이 서로서로의 마음을 읽었을 때에 그들은 모두 동시에 이 환시가 나타남으로써 자기들과 육신적으로는 떨어져 있는 사부님이 정신적으로는 자기들과 함께 있다는 것을 깨달았다. 그들은 하느님께서 자기들이 충성스런 제자로서 그를 따르도록 하기 위해 하늘의 영광으로 빛나면서 또한 타오르는 열정으로 불붙은 이 영광스러운 불수레로서 그를 보여주셨음을 확신했다. 마치 두 번째 엘리야처럼 하느님은 그를 모든 영신적인 사람들을 위하여 “불말과 불수레”(2 열왕 2,11)로 만들었다. 확실히 하느님께서 과거 엘리사의 하인의 눈을 뜨게 하시어 “불말을 탄 기마부대와 불병거부대가 엘리사를 둘러싸고 온 산에 덮여 있는 것”(2열왕 6,17)을 볼 수 있게 한 것과 같이, 프란치스꼬의 요구로 이런 평범한 사람들의 눈을 뜨게 하사 그들에게 하느님의 능력을 묵상하게 한 것처럼 보인다.

동료 수사들과 함께 모였을 때에 프란치스꼬는 그들을 심중 깊숙이 꿰뚫어보고 그 놀라운 환시에서 용기를 얻으라고 권고하였다. 그는 수도회의 미래 성장에 관한 많은 예언을 했으며, 그리고 인간의 이해력으로는 파악할 수 없는 신비를 계속 드러내었기에 수사들은 하느님의 성령이 그의 종 프란치스꼬에게 매우 풍성히 깃들어 있음을 깨닫고 그의 생활과 가르침을 따르는 데 주저할 필요가 없었다.

5. 그 후에 하느님의 격려로 프란치스꼬는 열두 명의 수사로 이뤄진 어린 양떼를 뽀르치웅꼴라의 성 마리아 성당으로 데리고 갔다. 작은 형제회가 천주 성모의 공로에 의해 설립된 곳도 그곳이며 또한 그녀의 중재로 수도회가 성숙하게 된 곳도 그곳이었다.

　뽀르치웅꼴라로부터 프란치스꼬는 "인간이 가르쳐 주는 지혜로운 말로 하지 않고 성령께서 가르쳐 주시는 말씀으로"(1고린 2,13) 인접해 있는 "모든 도시와 마을을 두루 다니며 하늘 나라의 복음을 선포"(마태 9,35; 루가 9,60)하는 복음의 사도로 출발했다. 그가 마음이 항상 머물고 있는 하늘에다 시선을 고정시키고 그들의 생각을 높이 들어올리려고 애쓰는 모습은 딴 사람들에게는 마치 딴 세계에서 온 사람같이 보였다. 그의 노력의 결과로 그리스도의 초자연적인 포도원은 하느님 대전에 기분 좋은 향기를 발산하는 가지들을 움트게 하였으며 푸르고도 풍성한 과일들을 많이 생산하게 되었다.

6. 많은 사람들이 프란지스꼬의 설교의 힘에 이끌려 그가 "보속의 형제회"라고 부르고 제정한 생활양식에 따른 보속의 새로운 규칙을 받아들였다. 회개의 길은 천국으로 향한 노상에 있는 모든 사람들에게 공통적인 것이어서 이 생활의 방식은 남녀 성직자, 평신도, 기혼자, 미혼자 모두에게 해당된다. 하느님의 눈에 그것이 얼마나 기특한 것이냐 하는 것은 그것을 따랐던 몇 사람들에 의해 일어난 많은 기적을 봐서도 분명하다. 미혼여성들은 고취되어 영원한 동정의 생활을 서원하였다. 이들 가운데 하느님은 성녀 글라라를 특히 사랑하셨다. 그녀는 프란치스꼬의 정원에 핀 첫 꽃송이였으며 마치 빛나는 별처럼 반짝였으며 봄철에 희고도 순수하게 핀 꽃과 같이 향기로웠다. 그녀는 그리스도 안에서 그의 딸이었으며 가난한 글라라회의 창설자였다. 이제 그녀는 하늘에서 영광을 입고 있으며 땅에서는 교회가 그녀에게 합당한 존경을 표하고 있다.

7. 이것은 군중들이 단지 순간적인 열정에 의해 들떴다는 것이 아니다. 많은 사람들이 세상의 덧없는 유혹들을 경시하며 그리스도의 완덕을 본받고자 하는 욕망에 사로잡혀 프란치스꼬의 발자취를 따랐기 때문이다. 그들의 숫자는 날로 불어나서 수도회는 단기간 내 전 세계에 퍼졌다. 그들의 모든 지출 경비를 충당할 유일한 것인 가난은 어떠한 종류의 노동도 할 힘을 주고 어려움 없이 자유롭게 여행하도록 해주는 한편 그들에게 어떤 종류의 일도 즉시 수행할 준비를 시켰다. 그들은 이 세상에 속한 것은 아무것도 소유하지 않았다. 그들은 아무것도 사랑하지 않았기에 그 어떤 것도 잃을까 두려워하지 않았다. 그들은 자기들의 마음을 어지럽히는 근심이나 어수선하게 하는 걱정도 없는 듯 온갖 근심에서 해방되었다. 밤을 지낼 거처를 어디에서 찾을 수 있을까 하는 생각 없이 내일을 기대하며 하루하루 생활했기 때문에 그들의 마음은 평화로왔다. 자기들이 알려지지 않고 경멸받은 지방에서 그들은 자주 모욕을 받았다. 그러나 그들은 그리스도의 복음에 헌신함으로써 너무나 유순하였기에 그들은 자기들의 거룩함을 인정받고 자기들에게 주어진 명예를 자랑하게 될 수 있는 곳으로 되돌아오기보다는 육체적인 핍박을 견뎌야만 하는 곳에 남아 있기를 더 좋아했다. 가난은 그들에게 마치 예언자의 "있으면 있는 대로 없으면 없는 대로 만족하여라"(집회 29,23)라는 말처럼 흘러 넘치는 풍요로움 같았다.

이방인 나라에 도착한 몇몇 수사들에게 한 회교도가 측은히 여겨 필요한 양식을 사라고 돈을 주었다. 그러나 그들은 거절했다. 그는 놀랐으니 이는 그들이 빈곤하다는 것을 알 수 있었기 때문이다. 그 때에 그는 그들이 거지가 된 것도 돈받기를 거절한 것도 바로 하느님의 사랑을 위해서라는 것을 깨달았다. 그래서 그들에게 너무나 맘이 끌려서 자기가 가지고 있는 것이 남아 있는 한 그들이 필요한 모든 것을 보태어 주겠다고 제의를 했다. 가난이란 얼마나 값진 보화인가! 그것의 뛰어난 매력은 미개인의 야만스런 마음까지도 움직여 동정과 친절을 베풀게 할 수 있었던 것이다. 이방인이 그와 같은 존경심을 보인 복음의 진주를 그리스도인이 발아래 짓밟는 것은 얼마나 말할 수조차 없는 큰 죄인가.

8. 또한 이때에 크루지제리 수도회에 모리쿠스라는 한 수도자가 아씨시 가까이 있는 한 병원에서 병으로 누워 있었다. 오랫동안 끄는 병이었으며 그의 상태는 너무나 나빠서 의사들은 모든 희망을 포기했다. 그러나 그는 프란치스꼬에게 하느님께 자기를 위하여 기도해 달라는 전갈을 보냈다. 프란치스꼬는 즉시 동의하여 그를 위해 기도를 했다. 그 후 그는 빵조각을 조금 들고, 그것을 성모님의 제단 앞에서 타고 있는 램프의 기름에 적셔 일종의 환약을 만들었다. 이것을 그는 한 수사 편으로 그 환자에게 보내면서, "이 약을 우리의 형제 모리쿠스에게 갖다주시오. 이것으로 그리스도의 능력은 그에게 완전한 건강을 되돌려줄 것이며 그가 건강하게 되고 다시 한번 움직일 수 있게 되면 그분은 그를 남은 여생 동안 우리의 한 동료가 되게 데리고 오실 것이오"라고 말했다. 그 환자가 성령의 영감하에서 마련한 그 약을 먹는 순간 즉시 회복되어 일어날 수 있었다. 하느님께서 그에게 육체와 영혼에 이와 같은 힘을 주셨기에 그는 잠시 후에 프란치스꼬의 동료들과 합하였으며 단 한벌의 옷을 허락하는 회칙을 지킬 수 있었다. 이러한 회칙 아래에서 그는 맨살 위에 털옷을 입

은 채 수년을 보냈으며 요리한 음식은 결코 입에 대지 않고 약초와 채소와 과일만으로 만족하며 지냈다. 또한 여러 해 동안 그는 빵도 먹지 않았으며 포도주도 마시지 아니했지만 튼튼하고 완전한 건강을 누렸다.

9. 그리스도의 종들의 훌륭함과 덕이 커감에 따라 그들이 지닌 높은 고결성이 나라 전역에 알려지게 되었으며 그래서 전 세계의 여러 지방에서 사람들이 프란치스꼬 성인을 만나러 왔다. 그들 가운데는 황제로부터 관을 받아 '시詩의 왕'이라고 알려진 한 유명한 작곡가도 있었다. 그는 세속적인 모든 것에 대한 무관심으로 알려져 있는 프란치스꼬에게 나아가기로 마음을 먹고, 성인이 설교하려고 와 있던 산 세베리노의 요새에 있는 수도원으로 와서 그를 만났을 때에 그는 하느님의 손에 잡혔다. 거기에서 그는 그리스도 십자가의 사도인 프란치스꼬가 불로 된 두 칼의 형태로 십자가의 표지를 지닌 것을 보았다. 그 두 불칼의 하나는 그의 머리에서 발끝으로 뻗쳐 있었으며 한편 다른 하나는 가슴을 가로질러 이쪽 손에서 저쪽 손으로 뻗쳐 있었다. 그는 프란치스꼬를 본 적이 없었다. 그러나 그는 그러한 기적으로써 자신에게 시사된 사람은 다른 누구도 될 수 없다는 것을 깨달았다. 그는 그 환시에 당황하여 즉시 미래에 대한 좋은 결심을 세웠다. 성인의 말은 마치 영적인 칼이 그의 입으로부터 나와 자기를 꿰뚫은 것같이 자신을 감동시켜 양심의 가책을 느끼게 했다. 그는 그때 거기서 사람들의 명성에 안녕을 고하고 회칙을 서원함으로써 프란치스꼬에게 합했다. 프란치스꼬는 그가 세속의 근심을 버리고 그리스도의 평화를 선택한 것을 보고는, 그를 파지피꼬(평화 속에

있는 사람: 역자 주) 형제라고 불렀다. 후에 파지피꼬는 대단히 거룩하게 되었다. 그가 첫 관구장이 된 곳인 프랑스로 가기 전에 그는 프란치스꼬의 앞이마에 커다란 타우 십자가가 여러 빛깔로 나타나 그의 얼굴 전체를 아름다운 광채로 비추고 있는 환시를 볼 만큼 유덕하게 되었다. 프란치스꼬는 항상 이 특별한 표시(타우)에 대해서 큰 존경심을 지니고 있었으며 종종 다른 이들에게 그것을 사용하기를 권했다. 그는 그것을 모든 편지 끝에 써넣곤 하였는데, 이는 마치 그의 유일한 소망은 에제키엘의 예언에서 읽을 수 있듯이 예수 그리스도의 참된 제자들인 "탄식하며 우는 사람들의 이마에 표(이 타우 십자가)를 해주는 것"(에제 9,4)인 것 같았다.

10. 해가 지날수록 수사들의 숫자가 불어감에 따라 프란치스꼬는 착한 목자처럼 이들 모두를 뽀르치웅꼴라의 성 마리아 성당에서 열리는 총회에 불러들이곤 했다. 거기에서 가난의 생활 안에서 하느님이 원하시는 대로 그들 각자에게 순명으로 임무를 맡겼다. 이러한 모임에서는 그들이 필요한 것에 대해서 아무런 준비도 없는 가운데 때로는 5천 명 이상이나 되는 수사들이 참석하곤 했다. 하느님은 섭리 안에서 그들을 돌보셨기에 그들은 먹을 것을 넉넉히 가지고 있었으며 건강상태도 좋았고 한편 그들은 정신적인 충족으로 흘러 넘쳤다.

프란치스꼬는 여러 다른 관구회의를 직접적으로 지도할 수는 없었으나 제자들에 대한 애타는 사랑을 지니고 끊임없는 기도와 축복의 능력으로서 정신적으로 항상 함께 있었다. 한번은 그러한 회의에 하느님의 능력에 의해 실지 눈으로 볼 수 있도록 그가 나타났다. 그것은 알레스 관구회의 때였는데 현재 성 안또니오로 우리가 존경하는 그 유명한 설교자는 빌라도가 십자가 위에 "유다인의 왕 나자렛 예수"(요한 19,19)라고 쓴 선언에 대해서 수사들에게 설교하고 있었다. 그 수사들 중 모날두스라고 불리는 한 수사는 갑작스런 영감을 느끼고 관구회의 회의실 문쪽을 쳐다보았다. 그는 거기에 성 프란치스꼬가 십자가 모양으로 양팔을 뻗치고 수사들을 축복하며 허공 중에 서 있는 것을 보았다. 거기 모인 사람들은 마음속에 놀라운 위로를 느꼈기에 실지로 사부님이 함께 계시다는 것을 성령에 의해 확신하게 되었다. 그가 나타나 보였다는 얘기를 그들이 들은 것은 그 후이며 성인 자신도 거기에 있었다고 말하였다. 그래서 그들은 자기들이 이미 믿었던 것에 대한 외적 증거를 갖게 되었던 것이다. 이것은 마치 밀라노의 주교인 암브로시오로 하여금 성 마르띠노의 장례식에 나타나게 하여 그 거룩한 추기경에게 존경을 바치게 한 전능하신 하느님께서 프란치스꼬에게 설교자 성 안또니오가 하는 설교를 도와주도록 허락하신 것이다. 이런 식으로 하느님은 프란치스꼬의 말, 특히 그가 당신의 종으로서 지니고 있는 그리스도의 십자가에 관한 말의 진실을 증거해 주시곤 하셨다.

11. 수도회도 이미 잘 정립되어 프란치스꼬는 인노첸시오 교황에 의해 인가받은 회칙을 그의 후계자 호노리오 교황으로부터 영원히 확인받을 것을 생각하고 있을 때 하느님은 아래와 같은 환시를 보여 주셨다. 그는 자신이 땅에서 자잘한 빵 부스러기를 줍고 있는 것을 보았으며, 이것으로써 주위에 둘러서 있는 많은 수사들을 먹여야만 했다. 빵 부스러기가 너무도 작아서 그것이 자기 손가락 사이로 미끄러져 떨어지지 않게 나누어주자니 걱정이 되었다. 그때 그는 하늘

로부터 자기에게 말하는 한 목소리를 들었다. "프란치스꼬야, 이 모든 빵 조각을 모아 제병 한 개를 만들어서 먹고 싶은 이들에게 주어라." 그는 그대로 했다. 그러자 합당한 존경심으로 이를 받지 않는 수사나 아니면 받았을 때 그것을 경멸하는 수사들은 곧 나병으로 고생하는 것이 보였다. 아침에 프란치스꼬는 동료들에게 그 환시에 관한 모든 것을 얘기했다. 그는 이 환시의 의미를 알 수 없었기 때문에 당황했다. 그러나 그다음날 그가 기도하고 있는 동안 그는 자신에게 말하는 한 목소리를 들었다. "프란치스꼬야, 그 전날 본 빵 조각들은 복음의 말씀이고 한 개의 제병은 회칙이며 나병은 사악함이다."

프란치스꼬는 복음에서 많은 구절을 보탬으로써 길어진 회칙을 확인을 얻기 전에 환시가 가리키듯이 줄이길 원했다. 그 후 그는 성령의 인도로 두 수사와 함께 어떤 산으로 올라가서 빵과 물만 먹고 지냈으며 기도중에 성령이 자기에게 영감을 주는 대로 회칙을 받아 쓰게 했다. 산에서 내려와서 그 회칙을 수도회 총대리에게 주었다. 그러나 며칠 후에 대리가 그것을 잘못 두어 어디 있는지 모른다고 하는 바람에 성인은 다시 외딴곳으로 가서, 마치 하느님 자신의 입으로부터 말을 듣는 것처럼 그 전과 똑같이 다시 썼다. 후에 그는 당시 교황 직위에 오른 지 8년째 되는 호노리오 교황으로부터 그 회칙의 교황 확인을 얻었다.

프란치스꼬는 형제들에게 회칙은 하느님께서 자기에게 계시하신 대로 모두 받아 적은 것이며, 자신으로부터 나온 것을 적은 것은 아무것도 없다고 말하면서 수사들에게 이 회칙에 충실하도록 열정적으로 권고하였다. 이것은 잠시 후에 프란치스꼬가 우리 주 예수 그리스도의 오상을 받음으로써 하느님 스스로의 증거로 입증되었다.

이것은 가장 높으신 사제인 그리스도의 인호로서 이것과 더불어 그
리스도는 회칙과 그 회칙을 쓴 사람에게 당신 자신의 거룩한 인가를
주신 것이다. 이에 대해서는 프란치스꼬의 덕에 대한 얘기를 끝마친
후 설명하겠다.

엄격한 생활과 피조물이 준 위안

1. 프란치스꼬는 수많은 세속 사람들이 자신의 모범으로 자극을 받아, 그리스도의 십자가를 열렬히 품에 안으려는 것을 보고 용기를 내어 마치 그리스노 군대의 용감한 지도자처럼, 영웅적인 경지까지 덕행을 하여 승리의 상급을 받으리라 결심했다. 그는 사도 바울로의 말씀인 "그리스도 예수에게 속한 사람들은 육체를 그 정욕과 욕망에 함께 십자가에 못박은 사람들입니다"(갈라 5,24)를 되새기면서 그는 자신의 욕구를 대단히 엄격히 억제하여 생존하기에 필요한 음식이나 음료조차도 넉넉히 들지 않았다. 이러한 식으로 그는 십자가의 갑옷으로 차려입었던 것이다. 그는 육욕의 충동에 굴하지 않고 물질적인 욕구들을 만족시키기는 어렵다고 말하곤 했다. 그는 건강이 좋은 한 요리된 음식은 거의 먹지 않았다. 음식을 먹을 때는 재를 섞거나 물을 부어서 음식 맛을 없게 하였다. 그는 술은 말할 것도 없이 물도 넉넉히 마시지 않았으며 갈증으로 목이 탈 때조차도 그렇게 했다. 그리고 더 큰 극기를 실천하기 위한 방법을 고안해서 하루하루 그것을 익혔다. 그는 이미 모든 면에서 완전했지만 그래도 여전히 방금 시작한 것처럼 항상 새로이 시작하고 있었으며, 자신의 육체를

벌함으로써 자연적인 욕망들을 채찍질했다.

그러나 복음을 전파하러 여행을 다닐 때에는 자기에게 환대로 사람들이 내놓는 어떠한 음식이든 항상 감사히 들었다. 그러나 집으로 돌아왔을 때는 엄격하게 단식의 규율을 지켰다. 그는 자신에게는 엄했으나 이웃에게는 편의를 봐주었다. 이런 방법으로 모든 일에 있어서 그리스도의 복음을 준수했으며, 다른 사람들에게 단식에 의해 선을 베푸는 만큼 먹어줌으로써도 선을 베풀었던 것이다. 때때로 그의 지친 몸은 단지 맨땅을 침대 삼았으며 머리에는 나무나 돌조각을 베고 똑바른 자세로 잠을 잤다. 차갑고 헐벗음 가운데서 하느님을 섬기며 자신의 낡아빠진 수도복으로 만족했다.

2. 한번은 누군가가 그에게 그런 낡아빠진 보잘것없는 옷으로 살을 에이는 듯한 겨울의 추위를 어떻게 견딜 수 있는가 하고 물었을 때, 그는 열정에 차서 이렇게 말하였다. "만일 우리 마음속이 천상의 고향을 동경하는 불길로 타고 있다면 이런 외부의 추위를 참는 데 어려움이 없을 것이다." 그는 값비싼 옷들에 대해서는 두려움을 가졌으며 보잘것없는 의복에 만족하곤 하였으며 이에 덧붙여 세례자 요한은 거칠은 옷을 입고 지낸 데 대해 주님으로부터 칭찬을 받았다고 하였다. 자신에게 주어진 옷의 감촉이 지나치게 부드러우면 그는 밧줄을 안쪽에 대어 꿰매어 입곤 했다. 이는 그가 늘 말했던 것처럼 부드러운 옷을 입는 사람은 부유한 궁전에서 살아야 하지 오두막집에는 살지 않기 때문이다. 악마는 거친 옷을 입고 있는 사람을 보고는 두려워하며 반면에 부드럽거나 호화로운 의복은 악마에게 보다 사납게 공격할 수 있는 용기를 준다는 사실을 그 자신의 경험으로부터

알고 있었다.

어느 날 밤 그는 감기에다 눈병으로 고통을 당하고 있었기 때문에 습관과는 반대로 깃털을 넣어 만든 베개를 베고 있었다. 그러자 악마는 그 베개에 들어와서 아침까지 그를 쉴 수 있게 내버려두지 않았다. 악마는 그가 기도에 전념하는 것을 막았기 때문에 마침내 그는 동료를 불러서 그 베개를 방에서 가지고 나가라고 말하였다. 베개를 가지고 그 방을 나서려 하던 그 수사는 사지를 움직일 수가 없었다. 그때 무슨 일이 일어났는지 영감으로 안 프란치스꼬는 그를 소리쳐 불러 구하여 주어 그 수사는 즉시 정신과 육체의 힘을 완전히 회복하였다.

3. 프란치스꼬는 엄격한 고행으로 자신을 지켰으며 특히 정신과 육체의 완전한 순결을 지키는 데 마음을 썼다. 종교적 생활로 접어든 초창기에 그는 욕정의 불꽃으로부터 순결의 흰 예복을 지키고 자기 본성 안에 내재한 적을 완전히 제압하기 위하여 가끔 눈이 잔뜩 쌓인 도랑으로 뛰어들어갔다. 그는 수도자가 가장 작은 악의 티끌이라도 마음속에 들어오는 것을 허용하느니보다는, 차라리 육신의 살을 에이는 듯한 추위에 고통당하게 하는 것을 더 좋아해야 한다고 말하곤 했다.

4. 어느 날 밤 사르테아노의 외딴 움막에 있는 자기 방에서 프란치스꼬가 기도를 하고 있을 때, 악마가 "프란치스꼬, 프란치스꼬, 프란치스꼬" 하고 그를 세 번이나 불렀다. 프란치스꼬가 악마에게 무엇을 원하느냐고 묻자 악마는 계속해서 말하였다. "회개하는데도

하느님이 용서해 주지 않을 죄인은 이 세상에 한 사람도 없다. 그러나 만약 사람이 너무 많은 보속을 함으로써 제 자신을 죽인다면 그는 결코 용서를 구하지 못할 것이다." 하느님의 영감에 의하여 성인은 즉시 악마의 계략을 알았으며 악마가 그를 냉담하도록 끌어내리려고 하고 있다는 것을 깨달았다. 이러한 것은 그다음에 일어난 것으로 증명되었다. 왜냐하면 그는 "그 숨결이 숯불을 놓는"(욥기 41,12) 악마에 의해 즉시 육체의 심한 유혹을 느꼈기 때문이다. 이 유혹이 오고 있다는 것을 느낀 순간 프란치스꼬는 순결에 대한 사랑으로 수도복을 갈기갈기 찢어버리고는 끈으로 자신을 채찍질하기 시작했다. 그리고 "이 당나귀 형제야" 하고 외치기 시작했고, "이처럼 채찍질당하는 것이 마땅하다. 수도복은 수도자 품위의 표시이며 훌륭한 생활을 가리키는 것이다. 음욕적인 사람은 수도복을 입을 자격이 없다. 만약 네가 다른 길을 가고 싶으면 떠나버려라!" 하고 말했다. 그다음에 그는 극도의 열정에 차서 문을 열고 나가 정원에 쌓인 깊은 눈속에 벌거벗은 채로 굴렀다. 그런 뒤에 그는 두 손으로 눈을 조금씩 뭉쳐서 일곱 개의 눈뭉치를 만들어 놓고 그 앞에 서서 자기 육체에게 말했다. "자, 여기 있는 큰 것은 너의 아내이고 저기 네 개는 너의 자식으로 두 아들과 두 딸이다. 다른 둘은 이들을 돌볼 하인으로 한 남자와 한 여자이다. 서둘러 이들을 입힐 옷가지를 찾아라 — 그들은 추위로 지금 죽어가고 있다. 그들을 돌보는 데 드는 수고가 네가 감당하기에 너무 크다면 이제는 하느님 한 분만을 굳게 헌신하라." 그때 유혹자는 물러났으며 따라서 성인은 승리하여 자기 방으로 되돌아갔다. 추위가 그의 뼛속까지 사무쳐 왔지만 그의 내부에 있던 욕정은 완전히 꺼졌다. 그래서 그는 결코 다시 그와 같은 어떤 것도 느끼지 않았다. 그 시간에 기도에 열중해 있던 한 수사는 맑은 달빛 아래서 일어난 이 일을 목격했다. 프란치스꼬는 그 수사가 자기를 본 것을 알고는 그에게 자신이 느꼈던 유혹에 관해서 모든 것을 얘기하고는 그가 보았던 것을 평생토록 누구에게도 말하지 말라고 명령했다.

5. 수도자들에게 육체의 정욕과 충동을 극복하라고 가르치는 것 외에도 프란치스꼬는 그들로 하여금 영혼에게 죽음을 가져다주는 외적 감각을 가장 경계해야 한다고 주장했다. 그는 그들에게 여자를 보는 것을 조심하고 종종 타락을 초래할 수 있는 그들과의 가까운 우정이나 대화를 피하라고 경고했다. 이 점에 있어서 무분별하게 되면 나약한 자는 무너질 수 있고 강한 자는 나약해질 수 있다고 단언했다. 또한 그들과 많은 관계를 가진 사람이 유혹당하는 것을 피하는 것이 "숯불 위를 걸어가는데 그 발을 데지 않는"(잠언 6,28) 것만큼 어려운 일이라고 덧붙여 말했다. 그는 전에 친구에게 고백했듯이 여자를 보는 것을 매우 조심스럽게 피하여 왔으므로 그의 외모를 아는 여자는 거의 없었다. 그는 여자들의 모습이 마음속에 들어가는 걸 허락하는 것은 위험하다고 확신했는데 그것은 정열의 불꽃이 쉽게 다시 탈 수 있기 때문이거나 티없는 마음의 순결이 더러워지기 때문이었다. 그는 여자와 나누는 그 어떠한 대화도 고백하는 경우나 간단히 가르치는 경우 이외에는 모두 무의미하다고 자주 말했다. 그런 경우의 접촉은 그들의 영적 발달에 도움이 될 수 있었으며 종교적 행위의 한계를 넘어서지는 않았다. 그는 "그들이 고백을 원하지 않거나 영적인 가르침을 구하지 않는다면 수도자들은 여자들과 무슨

관계가 있겠는가? 인간이 자신에 대해 너무 자신 만만하면 적에 대하여는 더욱더 방심하게 될 것이오. 그리고 만약 마귀가 인간의 머리칼 한 오라기라도 자기 것이라 부를 수 있게 되면 그는 즉시 그것으로 밧줄을 만들 것이오"라고 말했다.

6. 그는 수사들에게 특히 온갖 악한 욕망의 근원인 게으름을 피하라고 가르쳤다. 그는 자기의 하급 본성이 반항하거나 나태에 빠질 때 지속적으로 극기를 하거나 유익한 일을 하여 그것을 제압함으로써 그들에게 모범을 보여주었다. 그는 단지 가장 형편없는 유의 음식만을 먹는 한편 자신을 고된 훈련과 매로써 자주 학대하는 것이 어울리는 나귀이기라도 한 듯이 자기 육신을 "당나귀 형제"라고 부르곤 했다. 만약 어떤 수사가 게으름에 빠져 빈둥거리며 다른 사람들의 수고로 얻어먹으려 기다리는 것을 보게 되면 그를 "파리 형제"라고 불렀다. 그것은 그런 사람은 다른 사람들이 행한 선행을 떨어뜨렸으며 그 수사 자신도 아무런 선을 행하지 못하였기 때문에 그로 인하여 모두의 존경과 경의를 잃었기 때문이다. 그런 수사들에 대해 "나는 우리 수도자들이 열심히 일하기 바라며 늘 바쁘기를 바란다. 하는 일이 없이 게을러지면 마음과 혀는 곧 불미한 얘기로 가득 차고 말 것이다"라고 한때 말했다. 그는 수도자들이 심판날에 주님 앞에 불려나가 해명해야 할 모든 분별없는 말(마태 12,36)을 피하도록 항상 조심하라고 복음서에서 권하고 있는 침묵을 수사들이 지키는 것을 보고 싶어했다. 그는 잡담을 습관적으로 즐기는 수사를 올바르게 고치는 일에 대단히 관심을 기울였으며 사려 깊은 침묵은 마음의 순결을 유지하는 데 도움을 주며 중요한 덕이라고 단언하였다. 성서에

"죽고 사는 것이 혀끝에 달렸으니"(잠언 18,21)라고 적혀 있는데, 이는 혀가 맛볼 수 있기 때문이라기보다 말을 할 수 있는 힘을 갖고 있기 때문인 것이다.

7. 프란치스꼬는 형제들에게 엄격한 생활을 하도록 격려하는 데 전력을 다했다. 그러나 따뜻한 동정심을 배제한 것이거나 신중히 조정되지 않은 과장된 극기는 격려하지 않았다. 어느 날 밤 너무 오랫동안 단식과 고행을 한 어느 수사가 배가 고파서, 잠을 잘 수가 없었다. 프란치스꼬는 선한 목자처럼 그가 얼마나 보잘것없는 음식을 먹었는지를 알고는 그를 불렀다. 그리고는 그 앞에 약간의 빵을 내놓고 그에게 먹도록 친절히 권했으며, 그를 부끄럽게 만들지 않으려고 자신이 먼저 먹기 시작했다. 그러자 그 수사는 평온한 마음으로 음식을 먹을 수 있었다. 그 수사는 자신의 물질적 욕구를 덜 수 있게 되고, 그런 훌륭한 모범을 보여준 성자의 절묘한 재치를 보고 매우 기뻐했다. 아침에 프란치스꼬는 모든 동료들을 함께 불러서 일어난 일을 말하고는, 이 기회를 이용해서 그들에게 "여러분은 우리가 음식을 즐겼다는 사실에서가 아니라 깃들어 있는 사랑에서 본보기를 보아야 할 것이오"라고 말했다. 또한 그들에게 우리의 타락한 본성이 권하는 조심성이 아니라 그 일생이 모든 완덕의 모범인 그리스도가 행하신 신중성을 실천하도록 가르쳤다.

8. 현재 약한 상태에 있는 인간이 십자가에 못박히신 하느님의 어린 양을 완전히 본받으며 죄의 온갖 더러움을 피한다는 것은 불가능하다. 그리하여 프란치스꼬는 수사들에게 완전하려고 노력하고 있는

사람들은 회개의 눈물로 날마다 자기 자신을 정화해야 한다는 것을 스스로 모범을 보임으로써 가르쳤다. 그는 놀라울 정도로 몸과 마음의 순수성을 가지고 있었음에도 불구하고 영적인 시야를 눈물로 깨끗하게 하기를 그치지 않았다. 그렇기에 그는 이러한 과도한 눈물의 회개가 시력을 잃게 하는 것조차 아무렇지도 않게 생각했다. 끊임없이 운 결과 그는 심한 눈병을 얻었다. 의사가 그에게 시력을 잃지 않으려거든 눈물을 억제하라고 충고하자, 그는 "의사 형제여, 우리는 이 세상의 빛을 파리떼와 함께 나누고 있습니다. 우리는 단지 시력을 구하려고 영원한 빛의 현존을 즐기길 거절해서는 안됩니다. 우리에게 시력이 주어진 것은 바로 우리의 영혼을 위해서입니다. 우리의 영혼이 즐기는 시력은 육체를 위하여 주어진 것은 아닙니다"라고 대답했다. 그는 영혼의 열정을 억제하며 영적 시야를 날카롭게 하고 하느님을 볼 수 있게 하는 눈물을 억제하느니보다 차라리 시력을 잃기를 원했다.

9. 한번은 의사들이 불에 달군 쇠로 지지는 치료법을 써보자고 하고 수사들도 이를 받아야 한다고 주장하였다. 그는 그것이 극히 아픈 만큼 이롭다는 것을 깨달았으므로 이에 겸손되이 동의했다. 한 외과의사를 부르러 보내서 의사가 도착했는데 그는 수술을 준비하기 위하여 인두를 불속에 넣어 두었다. 프란치스꼬는 무서워 떨었으나 곧 불에게 친구처럼 말했다. "나의 형제인 불이여! 너의 광채는 모든 피조물의 선망의 대상이다. 가장 높으신 분이 너를 강하고 아름답고 유용하도록 만들었다. 나에게 부드럽고 친절하게 대해 다오. 나는 너를 창조하신 위대하신 하느님께 네가 너그럽게 타고 내가 그것을

견딜 수 있도록 너의 열기를 길들여 주시기를 간청한다.” 그가 기도를 끝내고 빨갛게 달구어진 인두 위에 십자를 긋고 두려움 없이 기다렸다. 그 이글이글 타는 쇠가 살에 대여 귀에서부터 눈썹까지 그어졌다. 우리는 그 타는 것이 어느 정도의 고통을 주었는지 그의 말에서 추측할 수 있다. 그는 수사들에게 “하느님께 감사드리시오. 사실대로 말하면 나는 조금도 타는 것도 고통도 느끼지 않았소”라고 말하며 의사를 돌아보고 말했다. “만약 이번으로 충분하지 않거든 다시 한번 더 하시오.” 의사는 그의 허약한 육체에 나타난 놀라운 정신력을 보고는 그것을 기적이라고 외치며 수사들에게 “나의 형제들이여, 나는 내 눈으로 직접 기적을 보았다고 당신께 확신합니다”라고 말하였다. 프란치스꼬의 육체와 정신이 완전한 조화를 이루고 그의 정신이 하느님과 완전히 조화를 이룬 것은 하느님께 대한 순수한 사랑 덕분이었던 것이다. 하느님은 그 보상으로 자신들을 만드신 분께 완전히 봉사해야 하는 모든 피조물로 하여금 그의 의지에 따르고 그의 명령에 복종하도록 하셨다.

10. 또 한번은 움막에서 그가 몹시 앓고 있던 때였다. 프란치스꼬는 병으로 너무 쇠약하여 원기를 찾게 무엇을 먹어야겠다고 생각하고 한 컵의 포도주를 부탁했다. 그러나 거기에는 그에게 줄 술이 없다고 말하자, 물을 가져오라고 말하여 물을 가져오자 십자성호를 긋고 기도를 드리자 당장 훌륭한 포도주로 변했다. 의로운 수도원의 가난한 형편으로는 그를 대접할 수 없게 되자 그의 신성함이 포도주를 얻게 하였던 것이다. 그 포도주를 맛보자 즉시 건강이 좋아진 것을 느꼈다. 그래서 그 술과 그 술을 마신 사람 둘 다 초자연적으로

새로워진 것이 분명했다. 물에 일어난 변화와 그의 건강이 좋아진 것은 "낡은 인간을 벗어 버렸고 새 인간으로 갈아입었기 때문입니다"(골로 3,9-10 참조)란 경지까지 다다랐음을 가리키는 것이다.

11. 모든 피조물이 그의 가장 작은 희망에도 복종할 뿐 아니라 섭리로써 하느님 스스로 그의 뜻을 들어 허락하셨다. 한번은 성인께서 동시에 여러 우환으로 시달리게 된 경우가 있었다. 성인은 기분을 북돋우기 위해 어떤 음악을 듣고 싶어했다. 그러나 물의를 일으킬까 하는 두려움에 딴 사람에게 연주해 달라고 부탁할 수가 없어서 망설이고 있었다. 그러나 그때 한 천사가 그의 기도에 응답하여 다가왔다. 어느 날 밤 잠자지 않고 누워서 하느님에 대하여 생각하고 있을 때 그는 갑자기 믿을 수 없이 아름다운 가락을 타는 수금의 소리를 들었다. 그는 아무도 볼 수 없었으나 음악이 높았다 낮았다 하는 것으로써 연주자가 이리저리 걷고 있다는 것을 느낄 수 있었다. 하느님께 온 정신을 집중시키고 이 놀라운 음악에 너무도 즐거움을 느꼈기 때문에 자신은 이 세상을 떠났다고 생각했으며, 그와 가장 가까웠던 수사들은 그에게 무엇인가가 일어났다는 것을 알 수 있었다. 여러 사실로부터 그들은 측정할 수 없을 정도로 그를 위로해 주시는 하느님께서 그를 자주 찾아오시는 걸 알았던 것이다. 그래서 그는 이러한 것을 그들에게서 완전히 숨길 수 없었다.

12. 또 한번은 한 동료와 함께 롬바르디아로부터 트레비소의 변경에 이르는 전도여행을 하는 도중 파두아 가까이를 지나고 있을 때 밤이 닥쳐와 칠흑 같은 어둠에 둘러싸이게 되었다. 그 길은 강과 습

기 때문에 어둠 속에서는 위험했다. 그래서 그의 동행자가 "사부님, 우리가 모든 위험으로부터 안전하도록 기도해 주십시오"라고 그에게 말을 하니까, 성인은 자신있게 대답했다. "하느님이 친절하심 가운데서 원하시기만 하면 어둠을 사라지게 하고 우리에게 빛을 내리시는 능력을 가지고 계십니다." 그 말이 떨어지자마자 찬란한 빛이 광휘를 지니고 그들 주위를 비췄으며 그 밖의 다른 곳은 어두운데도 불구하고 그들 주위의 꽤 먼 곳까지는 빛이 비춰 분명히 볼 수 있었다. 그 빛의 안내로 그들은 가야 할 길을 찾을 수 있었고 정신적으로 위로를 받았다. 그들은 밤을 쉬기로 한 곳에 도착하기까지는 먼 거리였으나 안전하게 여행을 끝마쳤으며 그러고는 하느님을 찬양하는 성가를 불렀다.

우리는 성인이 성취한 양심의 순결성과 높은 미덕을 깨닫도록 노력해야만 할 것이다. 성인이 원하는 데 따라, 붊은 타는 것을 잃고, 물은 그 맛을 잃었으며, 천사도 그의 빛이 되어 그를 협력하러 왔던 것이다. 이는 모든 피조물이 그의 물질적 요구를 시중들었다는 것을 나타내는 것으로 이처럼 그는 거룩하게 되었던 것이다.

1. 프란치스꼬는 겸손함이 지극하였으며 모든 덕의 수호자요, 덕의 더없는 영광을 지닌 자였다. 그는 하나의 거울이었으며, 그리스도인 완덕의 빛나는 모범이었다. 그러나 그 자신의 눈에는 자신이 단지 죄인에 불과하였으며, 이러한 생각을 자신의 정신적 성장의 발판으로 삼아, 능숙한 건축가가 그런 것처럼 그리스도로부터 배웠던 기초를 놓았다(참조: 1고린 3,10). 그는 자주 말하길 하느님의 성자는 우리에게 말과 모범으로 겸손을 가르치기 위해 성부의 영광 지극한 품을 떠나 우리의 비참함을 함께 나누고 우리의 주님이시요 스승이 되셨다고 했다. 그러므로 그리스도의 참된 제자로서 그는 "사람들에게 떠받들리는 것이 하느님께는 가증스럽게 보이는 것이다"(루가 16,15)라는 지극히 높으신 스승의 말씀을 간직하면서 자신을 낮게 여기도록 조심하였고 다른 사람의 눈에 보잘것없이 보이도록 마음을 썼다. 또한 그는 "하느님 앞에 인간은 아무것도 아니다"라고 자주 말하곤 했다. 결과적으로 그는 사람들이 자기에게 존경의 표시를 보일 때 우쭐거리는 것은 어리석은 것이라는 것을 확신했다. 그는 칭찬에는 당황했으나 모욕을 당할 때는 매우 기뻐하였다. 그는 사

람들이 자신을 경멸하게 만드는 것 - 이는 그로 하여금 더 나은 생활로 박차를 가하게 했다 - 을 좋아했으며 타락으로 이끌 수 있는 칭찬을 듣는 것을 싫어했다. 사람들이 자기의 높은 성스러움을 칭찬할 때 그는 수사들 중 한 사람에게 그 반대되는 것, 즉 자기에게 모욕을 덮어씌우라고 명령하곤 하였다. 그럴 때 그 수사가 마지못해 순종해서 그를 촌뜨기요, 기회주의자요, 무가치하고 아무것에도 쓸모 없는 자라고 부르면 그는 이를 즐겁게 듣고 입가에 미소를 띠며 말했다. "하느님께서 나의 형제인 당신을 축복하시길. 당신이 말하는 것은 사실이오. 이는 바로 베드로 디 베르나르도의 아들이 들어 마땅한 얘기요."

2. 그는 다른 사람의 눈에 경멸적으로 보이기 위해 사람들 앞에서 설교할 때조차도 자신의 결점을 고백하는 것을 주저하지 않았다. 한 번은 대단히 앓고 있을 때 그는 늘 지키던 엄격한 절제를 벗어나 원기를 찾기 위해 고기를 조금 먹었다. 그 후 겨우 회복의 기미를 보게 되었을 때 자신의 약함에 대해 순전한 자기 경멸로써 자신에게 창피를 주고 싶어졌다. "내가 사람들이 모르게 고기를 먹었는데도 내가 절대로 고기를 먹지 않는다고 사람들이 생각하는 것은 옳지 못하다"라고 말하였다. 겸손의 참된 정신으로 가득 차서 그는 거기를 떠나 아씨시에 있는 시청으로 갔다. 그리고 거기서 그는 전 군중들을 모았다. 그렇게 하고 난 후 그는 자신이 데리고 온 수사들과 함께 열을 지어 대성당으로 들어갔다. 거기서 그는 그의 수도복을 벗고는 목에다 밧줄을 걸었다. 그리고 그는 한 수사에게 모든 사람이 보는 앞에서 죄인이 벌받는 바위로 데려가 달라고 말했다. 날씨도 몹시

춥고 그는 아직 여전히 아프고 열이 많이 있었지만 바위에 올라가서 열심히 설교했다. 그는 그들에게 자기를 영신적인 사람으로 여기지 말고 단지 경멸을 받아 마땅한 죄인이며 탐식가로 생각하라고 말했다. 구경꾼들은 이 색다른 광경에 놀랐다. 그들은 그가 얼마나 엄격한 생활을 해 왔는지 알고 있었기에 이 사실에 깊이 감동되었다. 그러나 그들은 그의 겸손이 본받기보다는 칭찬해야 할 그런 것이라고 자신들이 생각한다는 사실을 숨기지 않았다. 확실히 그의 행동은 모범이라기보다는 이사야 예언자를 상기시키는 한 상징으로 의도된 것 같았다(참조: 이사 20,3). 그러나 이것은 진실한 겸손의 교훈이며 모든 기만적인 가식을 버리는 한편 모든 세속적인 칭찬을 무시하고 오만한 자존심을 내보이는 것을 억제해야 하는 그리스도의 진실한 제자를 보여주는 것이다.

3. 프란치스꼬는 다른 사람들이 그를 단지 쫓아버리기에 알맞은 쓰레기처럼 여기도록 또한 자신으로서는 마음의 참된 신성함을 간직하고자 자주 이와 같이 행동했다. 그는 하느님이 자기에게 부여해주신 재능을 잘 감추어둔 비밀처럼 늘 조심스럽게 감추었으며 타락으로 이끄는 다른 이의 칭찬을 받으려고 이 재능을 밖으로 나타내 보이지 않았다. 군중이 그를 성자라고 칭찬하면 그는 "나는 아직 아들딸을 가질 수도 있소. 내가 마치 안전한 것처럼 칭찬하지 마시오. 여러분들은 그 어떤 사람도 그가 끝에 가서 어떻게 되는가를 보기 전에는 아무도 칭찬해서는 안 되오" 했지만, 다른 사람들에게와는 달리 자신에게는 "만일 전능하신 하느님께서 나에게 해주신 그만큼 죄인을 위해 해주셨다면 그 죄인은 너 프란치스꼬보다 더 많이 하느

님께 감사할 것을" 하고 말했다. 또 자주 수사들에게 말했다. "죄인
도 할 수 있는 일을 해 놓고 자랑해서는 안 되오. 죄인도 단식, 기도,
통곡 그리고 육체적 고행을 할 수 있소. 죄인이 할 수 없는 한 가지
일은 하느님을 충실하게 섬기는 일이오. 누구라도 하느님께 속해 있
는 찬미를 그분께 되돌려드리고 충실히 하느님을 섬기고 자신의 재
능을 그분께 돌린다면 그는 진실로 자랑할 거리가 있는 것이오."

4. 복음에 나오는 지혜로운 장사꾼같이 프란치스꼬는 모든 가능한
경우에서 유익함을 얻고자 또한 그의 모든 시간을 공로를 쌓는 데
보내고자 애썼다. 마찬가지로 그는 장상이 되는 것보다 차라리 다른
이들에게 순종하면서 살고사 했으며 명령하기보다는 순종하기 바랐
다. 그는 수도회 총장 지위를 버리고 그가 항상 순종할 수 있는 원장
을 모시길 원했다. 그는 순종의 결실은 너무나 풍성해서 그것에 복
종하는 사람은 누구라도 그것으로부터 덕을 보지 않고는 한 순간도
보낼 수 없다는 것을 확신했다. 그는 여행을 하는 길에 우연히 그와
함께 가게 되는 수사에게 항상 순종할 것을 약속했고 또 한번은 동
료들에게 말했다. "하느님의 사랑이 나에게 주신 가지가지 은총 중
의 하나는, 수도원에 들어온 지 한 시간밖에 안 되는 신참자일지라
도 만일 그가 나의 원장이 되면 나는 그를 우리 형제 중의 최고령자
이며 가장 경험 많은 사람인 것처럼 그에게 즐거이 순명하리라는 것
이오. 아랫사람은 윗사람을 인간으로 보아서는 안 되며, 아랫사람으
로서 자신이 모시고 있는 사람에 대한 사랑을 위하여 하느님을 기억
하여야 하오. 장상이 점점 더 천해지면 천해질수록 그만큼 더 그에
게 복종하는 사람의 겸손은 더욱 가치 있는 것이오."

한번은 누가 참으로 겸손한 사람인가에 대한 질문을 받고 그는 시체를 예로 들어 말하였다. "시체를 들고 당신이 좋아하는 어느 곳에 갖다 놓아 보시오. 그럴 때 그 시체는 옮겨진 데 대해 반대하지 않고 어디에 놓여지는가에 대해서도 불평하지 않고 밖으로 내던져졌을 때도 항의하지 않음을 볼 수 있지 않소. 그것을 왕좌에 놓으면 그것은 위로 보지 않고 아래로 내려다볼 것이오. 또한 당신이 그 시체에다 왕의 옷을 입히면 그것은 전보다 더 창백하게 보일 뿐이오. 이와 같은 사람이 진실로 겸손한 사람이오. 그는 그가 어디에 놓여지든지 꺼리지 않고, 다른 곳으로 보내지도록 애쓰지도 않소. 만일 그가 성직으로 직책이 높아지면 그는 자신의 겸손을 지니며, 그가 존경을 받으면 받을수록 더욱 그는 자신을 가치 없는 존재로 생각할 것이오."

5. 또 한번은 그가 동료에게 말했다. "만일 내가 다음과 같이 행동할 각오가 되어 있지 않으면 나는 나 자신을 작은 형제로 생각하지 못할 것이오. 즉, 이런 것을 가정해 봅시다. 자, 내가 장상이고 그리고 총회에 가서 수사들에게 강연을 하고 몇 마디의 충고를 했다고 합시다. 그러나 내 말이 끝났을 때 그들은 모두 '당신은 우리의 올바른 장상이 아니오. 당신은 교육도 받지 않았고 말재주도 훌륭치 못하오. 그 외에도 무식하고 경험이 없소'라고 말했다 합시다. 그러고 나서 나는 수치스럽게 내쫓기고 모든 사람에게서 경멸을 받았다 합시다. 내가 당신들에게 말하건대. 이로 인해 내가 마음이 산란해짐이 없이 또한 마음의 평화를 잃지 않고 모든 것을 나 자신의 성화를 위해 쓰겠다는 확고한 결심으로 이 모든 것을 받아들일 준비가 되어 있지 않다면 나는 작은 형제가 될 수 없소." 그리고 그는 말을 이었

다. "윗사람의 지위는 타락으로 이끌지 모르며 칭찬은 위험한 낭떠러지요. 그러나 아랫사람의 낮은 신분은 영혼을 위해 큰 이점을 지니고 있습니다. 왜 우리는 공덕을 얻으려 하기보다 위험을 무릅쓰려 하고 있소? 시간이란 우리가 공덕을 얻을 수 있게 하기 위해서만 주어진 것이오."

바로 이런 이유로 겸손의 모범인 프란치스꼬는 자기의 형제들이 작은 형제로 알려지길 원했고 또 장상들은 봉사자로 알려지길 원하였다. 이런 식으로 그는 자신이 순종하기로 약속했던 복음의 말씀(마태 25,45 참조)을 따라 지켰다. 그리고 그는 동료 수사들에게 그들이 그리스도의 학교에 온 것은 바로 겸손을 배우기 위함이라고 강조했다. 사실 겸손의 스승이신 그리스도는 제자들에게 "너희 사이에서 높은 사람이 되고자 하는 사람은 남을 섬기는 사람이 되어야 하고 으뜸이 되고자 하는 사람은 종이 되어야 한다"(마태 20,26-27)라고 말씀하심으로 완전한 겸손을 가르치셨다.

프란치스꼬가 예언했듯이 후에 그레고리오 9세라는 이름으로 교황이 되었고 수도회의 첫 보호자이며 최고의 옹호자인 오스띠아의 주교가 프란치스꼬에게 수사들을 교회에서 여러 직책으로 승진하려 하니 허락해 줄 것인가 하고 물었을 때 성인은 이렇게 대답했다. "주교님, 나의 수사들은 윗사람이 될 생각은 절대로 않도록 작은 이라고 불리고 있습니다. 만일 당신이 교회에서 열매맺기를 원한다면 그들을 엄격히 자기 직책에 머물도록 해주시고 결코 교회의 어떤 지위도 갖지 않게 하소서."

6. 프란치스꼬는 자신과 수사들에게서 세속적인 어떤 명예보다 겸

손을 더 좋아했기 때문에, 겸손한 사람을 사랑하시는 하느님은 그를 가장 높은 명예를 받을 만한 인간으로 판단하셨다. 이것은 유덕하고 거룩한 한 수사가 하늘로부터 받은 한 환시에서 드러났다. 프란치스꼬와 함께 수사는 여행중 한 폐허가 된 성당에 들어가 거기서 그들은 열심히 기도했다. 거기서 이 수사는 탈혼중에 하늘에 많은 왕좌가 있는 환시를 보았는데 그중 하나는 영광중에 빛났으며 귀한 보석으로 장식되고 다른 것보다 더 높은 지위에 있었다. 그는 그 광휘에 놀랐으며 그 자리는 누구의 것이 될까 하고 의아해했다. 그때 그는 들려오는 소리를 들었다. "그 왕좌는 타락한 한 천사의 것이었다. 지금은 그것을 겸손한 프란치스꼬를 위해 비워두고 있다." 그 수사가 다시 제정신으로 돌아왔을 때 그는 평상시와 같이 성인을 따라서 밖으로 나갔다. 그들이 하느님에 대해 이야기하며 계속 여행하고 있을 때 그 수사는 그의 환시의 장면을 기억하고 조심스럽게 성인에게 자신에 대해 어떻게 생각하는지를 물어보았다. 그리스도의 겸손한 종인 프란치스꼬는 말했다. "나는 모든 죄인들 중에 으뜸일 것이라고 보오." 그의 동료가 그에게 훌륭한 양심을 가지고서 그렇게 말할 수 없으며 정말 그것을 믿을 수도 없다고 말하며 성인을 나무라자 성인은 "만약 그리스도께서 세상에서 가장 큰 죄인에게 이와 같은 자비를 베푸셨다면 그는 나보다 훨씬 더 많이 하느님께 감사할 것이라고 확신하오"라고 말했다. 이와 같이 뛰어난 겸손을 보고 그의 동료 수사는 자신이 보았던 환시가 사실임을 확신했다. 복음에서 증거하듯이 진실로 겸손한 자는 교만한 자가 내쫓긴 높은 영광으로 들어올려진다는 것을 알았다.

7. 또 한번은 프란치스꼬가 마사 트라바리아 지방에 있는 몬테카살 레 근처에 있는 폐허화된 성당에서 기도하고 있을 때 거기에 신성한 유물들이 많이 남아 있음이 그에게 계시되었다. 유물들이 받아 마땅 한 존경을 그렇게 오랫동안 받지 못했음을 보고 그는 슬퍼하였다. 그는 수사들에게 그것들을 수도원으로 가져가자고 말했다. 그러나 그는 후에 즉시 떠나야 했고 그 수사들은 순명의 덕을 소홀히 하여 그가 그들에게 한 말을 잊어버렸다. 그러나 그 후 어느 날 그들이 미 사 준비를 하면서 제대보를 벗겼을 때 그들은 거기에서 아름다운 향 기를 내뿜고 있는 반짝반짝 빛나는 많은 뼈를 발견했다. 그들은 놀 랐다. 왜냐하면 인간의 행위가 아닌 하느님의 힘에 의해 옮겨진 그 유물을 면전에서 보게 되었기 때문이다. 잠시 후 성 프란치스꼬는 그 유물에 대해 그가 그들에게 말한 대로 했는지 물어보았다. 수사 들은 그의 명령을 순명으로 지키지 못하였음을 겸손히 고백했다. 프 란치스꼬는 참회할 것을 명하고 그들을 용서했다. 그러고 나서 성인 은 덧붙여 말했다. "주 하느님은 찬미받으소서. 그분은 당신들이 해 야 할 바를 스스로 하셨기 때문입니다."

우리는 하느님께서 당신 섭리하에 우리의 시체에 대해서까지 마 음을 쓰신다는 것을 잊어서는 안 되며, 또한 프란치스꼬의 비길 바 없는 거룩함에 대해서 하느님이 지니고 계신 배려를 잊어서도 안 된 다. 인간이 당신의 명령을 수행하지 않을 때는 하느님 스스로 낮추 셔서 당신의 원의願意를 행하신다.

8. 어느 날 프란치스꼬는 이몰라에 다다라 거기서 그는 주교에게 가 서 사람들을 모아 그들에게 설교할 허락을 내려줄 것을 겸손히 청했

다. "형제여, 내가 나의 신자들에게 설교하는 것만으로 넉넉하오"라고 주교는 무뚝뚝하게 답했다. 프란치스꼬는 진정한 겸손으로 절하고 떠났다. 그러나 한 시간이 채 안 되어 그는 다시 돌아왔다. 주교는 성가셔져서 그에게 이번에는 무엇을 바라느냐고 물었다. 그러자 프란치스꼬는 공손히 그리고 조금의 거만함도 없이 대답했다. "주교님, 아버지가 그의 아들을 한 문밖으로 내던져도 그는 다른 문으로 되돌아와야 합니다." 주교는 그의 겸손에 무력하게 되어 미소를 짓고는 그에게 팔을 두르고 이렇게 말했다. "지금부터 당신과 당신의 수사들은 나의 교구에서 설교할 모든 권한을 가지고 있습니다. 거룩한 겸손은 이것을 받을 자격이 있습니다."

9. 또 한번은 아레쪼 전 시내가 당파 싸움으로 갈라지고 파괴될 위험에 처해 있을 때에 프란치스꼬가 아레쪼에 왔다. 거기서 그는 그 도시 가까이 있는 한 마을에서 환대를 받았으며 마귀가 이러한 상황에 기뻐하며 사람들을 선동하여 서로 살육하게 하는 것을 볼 수 있었다. 그는 악마의 잔악한 힘을 내쫓고 싶어서 비둘기 같은 순박성을 지닌 실베스테르 수사를 보내며 마치 사자使者인 양 그 마을로 접근해 가라고 말했다. "큰 도시 성문으로 올라가서 전능하신 하느님의 이름으로 악마들은 순명하여 즉시 떠나라고 명령하시오"라고 그는 말했다. 실베스테르는 정말로 겸손한 자로서 들은 것을 즉시 행했다. 그는 하느님을 찬양하는 노래를 부르며 성문으로 다가가서 큰 소리로 외쳤다. "전능하신 하느님의 이름으로 그리고 그의 종 프란치스꼬의 명령으로 너희 악마들은 물러가라." 바로 그때 그 자리에서 그 도시는 평화를 되찾고 시민들은 평화스럽게 그들의 상호 권리

를 다스릴 법을 다시 제정하는 일에 착수했다. 쇄도하는 군대같이 그 도시를 둘러싼 마귀의 악하고 주제넘은 영향력이 좌절되어 평화가 회복되는 그날에 이르는 데는 한 거지의 지혜, 즉 프란치스꼬의 겸손만이 필요했다. 겸손한 순명의 영웅적 실행으로써 프란치스꼬는 반발하는 악마들에 대해 제압할 완전한 권한을 얻었으며 따라서 그것들의 미친 듯한 노력을 부수고 그것들이 하고자 했던 폭동도 끝장을 낼 수가 있었다.

10. 교만하던 그 악마들은 참으로 겸손한 자들이 행한 뛰어난 덕을 보고는 도망갔다. 그러나 성 바울로가 자신에 대해 우리에게 말하는 것처럼, 또한 성 프란치스꼬가 직접 경험에서 배운 것처럼, 때로 하느님은 선하심 가운데서 악마가 우리를 괴롭히도록 허락하신다(2고린 12,7 참조). 그는 산타 크로체 성당에서 명의名義상으로 직책을 맡고 있는 레오 추기경으로부터 로마로 자기를 방문해 달라는 초대를 받았다. 그는 자신의 가까운 친구인 추기경에 대한 존경심에서 그 초대에 동의했다. 그가 거기 머문 첫날밤 기도를 끝내고 좀 쉬려고 하자 마귀가 그를 둘러싸고 잔인하게 공격했다. 그것은 오랫동안 그를 치고는 그를 반 죽은 상태로 남겨두고 떠나 버렸다. 마귀가 가 버리자 성 프란치스꼬는 동료를 불러 일어난 일을 얘기해 주고 덧붙였다. "마귀는 단지 하느님의 섭리하에서 그것에게 하도록 허락하는 것만을 할 뿐이오. 내가 이처럼 궁전 같은 곳에서 지내는 것이 좋게 보이지 않기 때문에 마귀가 나를 공격한 것이라고 지금 확신하오. 가난한 수도원에 있는 수사들이 내가 추기경과 머물고 있다는 걸 듣게 되면 그들은 내가 세상일에 몰려버렸다든가, 아니면 명예를 흠뻑

받는다든가, 즐겁게 지낸다고 생각할 것이오. 다른 사람의 모범이 되고자 하는 자는 누구나 궁전을 피해야 하며 비천한 수도원에서 비천한 형제들과 지내는 데 만족해야 하오. 이런 식으로 그는 다른 사람의 가난을 나누어 갖고 이와 비슷한 처지를 견디어내야 하는 사람들에게 격려를 보낼 것이오." 그러고 나서 아침에 그들은 추기경에게 가서 작별인사를 하고 떠났다.

11. 성인은 모든 악의 원인인 교만과 그의 가장 나쁜 자식인 불순명을 두려워했다. 반면에 그는 겸손한 회개에 대해서는 따뜻한 환대의 마음을 항상 지니고 있었다. 한번은 순명을 거스른 죄로 벌을 받아 마땅한 한 형제가 자기 앞에 보내졌다. 그를 보자 프란치스꼬는 그가 진실로 후회하고 있다는 확실한 표시를 볼 수 있었다. 그래서 그는 그의 겸손한 회개에 너무도 흐뭇해 그의 벌을 가벼이 하기로 맘먹었다. 동시에 그는 너무 가볍게 다루고 그를 보냄으로써 다른 사람들의 반감을 일으키지 않도록 하고 싶었다. 그래서 그는 그의 수도복에 달린 모자를 벗겨 불속에 던지라고 명했다. 이것은 모든 수사들에게 불순종이 받아 마땅한 벌의 종류를 보여주려 한 것이다. 모자가 잠시 불길 속에 있을 때 프란치스꼬는 그것을 끄집어내어 그 회개한 수사에게 되돌려주라고 명했다. 그것을 끄집어냈을 때 아무런 탄 흔적도 없었다. 하나의 기적으로써 하느님은 프란치스꼬의 거룩함과 동시에 죄인의 겸손한 회개를 인정한 것이다.

그러므로 프란치스꼬의 겸손은 본받을 가치가 있다. 또한 그것은 심지어 땅 위에서도 존경받았다. 그래서 하느님은 그의 가장 경미한 소망도 겸손히 들어주셨다. 그래서 아레쪼 시민들에겐 마음의 변화가 생겼다. 그는 마귀가 염치없이 대드는 것도 명령으로 물리쳤으며 불의 열기도 마음대로 길들였다. 따라서 겸손은 모든 사람에 의해 공경을 받아 마땅함이 드러났다.

청빈에의 사랑 ― 필요한 것이 기적적으로 충족되다

1. 후하게 주는 분이신 하느님으로부터 프란치스꼬가 받은 초자연적 선물들 중에서, 완전한 가난에 대한 그의 사랑은 그를 정신적으로 부유하게 자라게 한 특별한 특권을 이루고 있었다. 그는 가난이 성자 예수 그리스도의 항구한 벗이었으나 지금은 그것이 현세상으로부터 모욕을 당하는 것을 알았다. 그래서 그는 그것과 불멸의 사랑 안에서 결혼을 했다. 가난을 위해서 그는 아버지와 어머니를 포기했으며 그가 지닌 모든 것을 벗어 던졌다. 사람이 황금에 대해 갈망한다 하더라도 그가 가난에 대해 갈망했던 것만큼 하지 못했을 것이다. 그 어떠한 보화도 그가 이 복음의 진주를 지킨 것처럼 그렇게 빈틈없이 지켜진 예는 없었다. 그는 수사들 가운데서 가난에 반대되는 어떤 것이라도 보게 되면 특히 화를 내곤 했다. 그가 종교적 생활을 한 첫 순간부터 죽을 때까지 유일한 재산은 수도복 한 벌, 끈, 바지 한 벌이었으며 그는 이것에 만족했다.

그리스도와 성모님이 겪으신 가난의 기억은 그로 하여금 눈물을 흘리게 하였으며 그는 가난이 왕 중의 왕이신 분과 그분의 어머니의 생애에서 너무도 명백했기 때문에 가난을 모든 덕의 여왕이라고 불렀다. 수사들이 그에게 무슨 덕이 인간으로 하여금 그리스도께 가장 가깝게 하는가라고 개인적으로 물었을 때 그는 마치 자기의 가장 은밀한 비밀을 드러내놓는 것처럼 이렇게 대답했다. "나의 형제들이여, 나를 믿으시오. 가난은 구원의 특별한 방법입니다. 그것은 겸손의 근원이며 모든 완전의 뿌리이며 그것의 결실은 보이지 않으나 풍성하오. 그것은 우리가 모든 것을 팔아 사야 할 복음서에 나오는 밭에 감추어진 보화이오 – 그리고 살 수 없는 것은 그것에 대한 사랑으로 포기해야 하오."

2. "완전한 가난을 실천하고자 하는 사람은 누구나" 하고 그는 말했다. "모든 세속적인 지혜와 심지어 세상의 지식마저도 어느 정도까지는 포기해야 합니다. 이러한 소유물을 다 벗어버리면 비로소 그는 하느님께서 이루신 크신 일들을 이야기할 수 있게 되어(시편 75,1 참조) 십자가에 못박히신 이의 품속으로 자신을 완전히 벌거벗은 채로 봉헌할 수 있게 되는 것입니다. 자신의 마음 깊숙이 있는 자신의 의견에 집착하는 사람은 누구나 세상을 완전히 포기하지 않은 것입니다."

수사들에게 가난에 대하여 이야기할 때 프란치스꼬는 종종 복음의 구절 "여우도 굴이 있고 하늘의 새도 보금자리가 있지만 사람의 아들은 머리 둘 곳조차 없다"(마태 8,20)를 자주 인용하였다. 그러고는 그는 그들이 짓는 집들은 가난한 사람들의 것처럼 작아야만 한다고 명령을 내렸다. 거기서 수사들은 그 집이 자기들 것인 양 살지 말고 자기들의 소유가 아닌 집에서 나그네처럼 순례자처럼 살아야만 했다. 그는 다른 사람 집의 지붕 아래서 머물면서 고향을 그리워하며 평화스럽게 지내는 것이 순례자의 생활의 한 부분이라고 말하였다.

수사들이 건물을 자기들의 것이라고 주장함으로써 혹은 그 집이 너무 화려하기 때문에 성인 생각으로 그 집이 복음적 가난에 반대된다고 생각되면 여러번 그는 수사들에게 집을 떠나라고 명하기도 하고 심지어 집을 허물어 버리라고 명령하였다. 그는 다음과 같이 말하곤 했다. "가난은 수도회 전체의 바탕이며 수도자들의 생활의 구조 전체가 가난을 기초로 삼아 세워졌다. 따라서 가난이 굳건하면 수도회가 건재할 것이고 가난의 토대가 침식되면 건물 전체가 완전히 파괴될 것이다."

3. 그는 수도회에 들어오고자 하는 자는 누구나 "네가 완전한 사람이 되려거든 가서 너의 재산을 다 팔아 가난한 사람들에게 나누어주어라"(마태 19,21)라는 복음의 교훈을 성취시켜 나감으로써 시작하여야 한다는 것을 계시에 의해서 알았다. 복음에 순명하기 위해 또한 어떤 수사가 자신의 재산을 가지고 있음으로 일어날지도 모를 추문을 피하기 위해 그는 모든 것을 포기하고 자신에겐 아무것도 남기지 않는 경우 외엔 어떠한 자도 수도회에 받아주지 않았다. 마르카 안코니다나의 한 사람이 수도원에 받아 줄 것을 청했을 때 그는 그에게 "만일 당신이 그리스도의 가난한 사람들과 합하길 원한다면 당신이 가진 것을 세상의 가난한 사람들에게 주시오"라고 말했다. 이에 그 지원자는 자기의 재산을 가난한 사람이 아니라 친척들에게 주고자 하는 인간적인 애착에 끌렸다. 그가 돌아와서 성인에게 자기가 한 일을 아뢰었다. 그러자 프란치스꼬는 그를 심히 꾸짖으며 아래와 같이 말하였다. "당신의 길을 가시오. 파리 형제여, 당신은 결코 집이나 가족을 버리지 않았소. 당신은 가진 것을 당신 친척에게 주고

가난한 사람들을 속였소. 그러므로 당신은 그리스도의 가난에 합당하지 못하오. 당신은 세속의 애착에 굴복해 놓고 수도생활을 시작하려고 애썼으며, 영신적인 건물에다 무가치한 기초를 놓았소.” 그 가없은 친구는 즉시 자기 가족에게 되돌아가 자기의 재산을 요구했으며, 그것을 가난한 이들에게 주길 거절하였다. 그렇게 함으로써 그는 수도생활을 받아들이겠다는 생각을 즉각 포기해 버렸다.

4. 또 한번은 뽀르치웅꼴라의 성 마리아 성당에 있는 사람들이 너무도 물질적인 곤란을 당하고 있어서 방문 온 수사들에게 대접할 것이 아무것도 없었다. 프란치스꼬의 대리자가 그에게 다가와 얼마나 형편이 어려운가를 말하고 수도원에 들어오는 자가 들어올 때 가지고 온 재산을 좀 가지도록 허락해 달라고 청했다. 그러면 형편이 어려울 때는 이것에 의지할 수 있을 것이라고 말했다. 하느님의 인도를 받은 프란치스꼬는 대답했다. “나의 사랑하는 형제여, 하느님은 우리가 그 누구를 위해서도 회칙에 위배되는 죄를 짓는 것을 금하십니다. 나는 당신으로 하여금 가난을 지키고 복음을 지키겠다는 우리의 맹세에 대해 가장 가벼운 죄라도 짓게 하느니보다는 오히려 우리 귀부인의 제단 제대보를 벗겨 맨 제단이 된 것을 보게 하는 게 더 낫겠습니다. 복되신 동정녀는 제단이 적당히 장식되고 그 대신 우리가 지키겠다고 약속한 당신 아드님의 권고가 지켜지지 않게 하느니보다, 자신의 제단이 벗겨진 채로 있고 대신 복음적 권고가 완전히 지켜진 것을 보실 때 더 기뻐하실 것입니다.”

5. 성인이 한 동료와 아뿔리아 지방의 바리 근처를 여행하던 길에

그들은 돈이 꽉 차서 터질 듯한 커다란 지갑이 길 위에 있는 것을 우연히 보게 되었다. 그의 동료는 그에게 간청하길 그것을 주워서 그 돈을 가난한 사람에게 주자고 설득했으나 프란치스꼬는 거절했다. 그의 동료가 자기로 하여금 하기를 원하는 바는 - 다른 사람에게 속한 것을 취하여 그것을 선물로 하는 것은 - 칭찬할 만한 것이 아니라 죄를 짓는 것이라고 지적하면서 그 모든 것은 마귀의 계략이라고 그는 덧붙이고, 여행을 끝마치려 급히 서두르며 계속 나아갔다. 그러나 그 수사는 포기하지 않으려 했다. 그는 거짓된 관대의 정신에 속아서 성인에게 성인은 가난한 사람들의 어려운 처지를 구해주는 데 관심이 없다고 말하며 그를 들볶았다. 마침내 프란치스꼬는 동료가 원하는 바를 하기 위함이 아니라, 마귀의 속임수를 벗기기 위해서 돌아가자는 데 동의했다. 그들은 도중에 만난 한 젊은 남자와 함께 지갑을 주우러 되돌아갔다. 거기에서 성인은 잠시 기도하고 난 다음 동료에게 그 지갑을 주우라고 말했다. 그 수사는 당황했고 두려웠다. 그리고 그는 어떤 악마의 영향력이 작용하고 있다는 것을 느낄 수 있었다. 그러나 성인의 명령에 순명하기 위해 그는 하기 싫은 마음을 억누르고 손을 뻗쳤다. 즉시 지갑에서 한 거대한 뱀이 튀어나오더니 지갑과 함께 사라졌다. 그래서 그 수사는 모든 의심의 그림자를 버리고 거기에 있었던 것은 악마였다는 것을 확신하였다. 적의 배반적인 교활성이 벗겨지자 프란치스꼬는 그의 동료에게 말했다. "나의 형제여, 하느님을 섬기는 자들에게는 돈이란 악마요, 독뱀입니다."

6. 조금 후에 성 프란치스꼬는 일이 있어 시에나로 가는 도중에 한

이상한 경험을 했다. 캄피끌리아와 산 퀴리코 사이에 길고 평평하게 펼쳐져 있는 길에서 그는 키로 보아서도 나이와 외모로 보아서도 꼭 같은 가난한 세 여인과 만났다. 그들은 그에게 "환영합니다, 가난한 귀부인이여"라고 새로운 인사로 맞아들였다.

프란치스꼬는 참된 가난에 대한 사랑으로 그 말을 듣고 기쁨에 넘쳤다. 사람들이 그에게서 특히 그 덕을 가려내어 칭찬하는 것을 보는 것보다 더 그를 기쁘게 해 주는 것은 없었다. 이 세 여인은 그 인사를 한 뒤에 즉시 눈앞에서 사라지고 성인과 동반했던 수사들은 그들이 너무도 서로 닮았다는 점과 또 그들의 이상한 인사와 또 갑자기 사라졌음을 되살려 보고는, 이 모든 일은 성인을 위해서 어떤 신비적인 의미를 지니고 있다고 결론을 겨우 낼 수 있었을 뿐이었다.

너무도 똑같고 또 그에게 그토록 이상하게 인사를 하고 또한 갑자기 사라져버린 그 세 가난한 여인들은 복음적 완덕의 더할 나위 없는 아름다움을 나타내 보이는 것 같다. 그들이 갑자기 나타난 것은 프란치스꼬가 복음적 완덕을 그의 청빈과 순결과 순명 안에서 똑같이 지켰다는 것을 가리키는 것이었다. 비록 그는 가난의 특권을 자신의 특별한 자랑거리로 삼아 그를 자신의 어머니, 자신의 신부, 그리고 자신의 아리따운 아가씨라고 불렀지만 말이다. 그가 다른 사람들을 능가하고자 선택한 것은 가난 안에서였다. 왜냐하면 그것은 그에게 자신을 모든 사람 중에서 가장 꼴찌로 여기는 방법을 보여주었기 때문이다. 자기보다 더 형편없는 옷을 입은 어떤 사람이라도 볼 때마다 그는 즉시 자신을 꾸짖으며 그를 본받으라고 자신을 깨우쳤다. 그는 그 사람의 가난을 부러워했으며 그는 청빈의 사랑스런 경기에서 지게 될까 두려워하였다. 어느 날 그는 길에서 한 거지를 만났는데 그가 얼마나 형편없이 입고 있는가를 보고는 감동되어 자기 동료에게 슬프게 외쳤다! "저 사람의 가난은 우리를 부끄럽게 만듭니다. 우리는 우리의 재산으로 가난을 선택했는데, 보시오, 그 가난이 저 사람 안에서 더욱 빛나고 있소."

7. 가난에 대한 사랑으로 프란치스꼬는 저절로 주어진 희사_{喜捨}보다는 집집마다 돌아다니며 구걸한 희사를 쓰길 더 좋아했다. 귀족으로부터 잔치에 초대받았을 때는 언제나 그는 먼저 이웃집에 가서 빵을 조금 구걸하곤 했다. 그러고 난 후, 자기의 가난 안에서 부유해져서 식탁에 자리를 잡곤 했다. 한번은 그의 가까운 친구인 오스띠아의 추기경의 손님이 되었을 때 그는 이 일(구걸)을 했다. 그래서 추기경은 그에게 자기의 식탁에서 먹기로 되어 있는데 그가 애긍을 구하러 감으로써 자신을 불명예스럽게 했다고 불평하자 그는 이렇게 대답했다. "스승이여, 나는 더 큰 스승을 존경했기 때문에 당신에게도 커다란 존경을 드렸습니다. 사실 하느님은 가난, 특히 그리스도를 위하여 자발적으로 구걸하는 가난을 기뻐하십니다. 이것은 바로 우리의 주님인 예수께서 자신의 가난으로써 우리를 부유하게 만드시려고, 우리를 위해 가난하게 되셨을 때 그분이 지니셨던 왕다운 위엄입니다. 우리가 기꺼이 마음으로 참되이 가난하게 될 때 우리로하여금 천상 왕국의 계승자와 왕이 되게 하는 것은 바로 그분의 뜻입니다. 그러므로 나는 단순히 대부_{貸付}로 잠시동안 당신께 주어진 기만적인 부_富를 위해서 이 위엄을 포기하지 않습니다."

8. 프란치스꼬가 수사들에게 희사를 청할 것을 격려할 때면 그는 이

렇게 말하곤 했다. "가시오. 왜냐하면 이 마지막 시대에 작은 형제들은 세상의 유익을 위하여 보내진 사람들이기 때문입니다. 이 말은 뽑힌 자들로 하여금 심판의 날에 심판자의 칭찬을 받을 만하고 또한 '너희가 여기 있는 형제 중에 가장 보잘것없는 사람 하나에게 해준 것이 바로 나에게 해준 것이다'(마태 25,40)란 말씀을 듣기에 합당한 방법으로 형제들을 대하게 하기 위한 것이오." 따라서 우리의 주님 스스로 뽑힌 자에게 주어질 상급을 얘기하는 복음에서 너무도 분명히 작은 형제란 말을 썼기 때문에, 작은 형제란 이름으로 구걸을 할 수 있다는 것은 놀라운 것이라고 말했다. 그는 일 년 중 큰 축제 때에 기회가 있을 때마다 구걸을 하러 나갔다. 그가 말했던 것처럼 다윗왕이 "천사들의 양식을 사람들에게 먹이셨다"(시편 78,25)란 말은 하느님의 가난한 자 안에서 완성된다. 왜냐하면 천사들의 빵이란 하느님의 사랑을 위해서 구걸된 것이고 천사들의 영감에 의해 주어지고 거룩한 가난에 의해 집집마다에서 모은 것이기 때문이다.

9. 어느 부활절 그는 주택지에서 너무나 멀리 떨어져 있는 외딴 집에 머물고 있어서 구걸하러 갈 수가 없었다. 그때 그는 바로 그날 순례자로 가장하여 엠마우스로 가는 길에서 두 제자에게 나타나셨던 우리의 주님을 기억해 냈다. 그래서 그는 바로 형제들에게 마치 순례자나 거지처럼 희사를 청했다. 그는 그것을 겸손히 받고는 그들에게 어떻게 이 세상을 이방인들과 순례자처럼 지내면서 주님의 빠스카 — 이 세계에서 성부께로 나아가는 통로인 — 를 마치 사막에서의 히브리인들처럼 정신적 가난 안에서 끊임없이 찬미할 수 있는가를 얘기했다.

　프란치스꼬는 희사를 구하러 갔을 때 진실한 정신적 자유에 감동되었다. 이처럼 가난한 이의 아버지이신 하느님은 그를 특별히 보살폈던 것이다.

10. 노세라에 있을 때 프란치스꼬는 한번 매우 아파서 고향 사람들이 보낸 사람의 부축을 받으며 아씨시로 되돌아오게 되었다. 그들이 가는 길에 성인을 따라 사트리아노라 불리는 조그만 마을에 오게 되었는데 때도 늦었고 배도 고팠기 때문에 먹을 것을 얻으려 걸음을 멈추었다. 그들은 여러 집으로 돌아다니며 애를 써 보았지만 살 수 있는 것을 찾지 못해서 빈손으로 되돌아와야만 했다. 그러자 성인은 그들에게 말했다. "당신들은 하느님보다 파리에 더 많은 신뢰를 두고 있기 때문에 아무것도 구하지 못했소. (파리는 그가 돈을 두고 늘 쓰는 말이다.) 당신들이 이미 시도해 보았던 집으로 다시 가서 온갖 겸손을 다해 희사를 간청하고 하느님의 사랑을 그 유일한 값으로 주시오. 그것이 수치스럽다거나 당신의 위신을 떨어뜨리는 것이라고 생각하지 마시오. 아담의 타락 이후 이 세상에 있는 모든 것은 관대하고 친절하심 가운데 위대한 희사자이신 하느님에 의해 착한 사람에나 악한 사람에나 희사로서 다 주어지는 것이오." 그 기사들은 부끄러움을 극복하고 희사를 청하러 가서 그들이 돈으로 얻지 못하던 것을 하느님의 사랑으로 얻을 수 있었다. 사실 가난한 마을 사람들은 하느님의 은총에 깊이 감동되어 그들이 주어야만 했던 것은 물론, 봉사도 후하게 베풀어주었다. 프란치스꼬의 부유한 가난은 돈으로는 충족시킬 수 없었던 필요한 것을 제공해 주었다.

11. 리에띠 가까이 있는 은둔소에서 아파 누워 있을 때 프란치스꼬는 그를 위해서 최선을 다하는 의사의 시중을 받았다. 성인은 가난해서 그에게 보상할 방법이 없었다. 그러나 그가 이 세상에서 보답을 받지 않은 채로 있지 않게 하시려 하느님께서 그의 헌신적인 수고를 보답해 주셨다. 그 의사는 새집을 짓느라 돈을 다 써버렸는데 이때 한 벽이 꼭대기에서 바닥까지 금이 가서 전체 건물이 무너질 위험이 있어 이제는 이를 어떻게 하는 것은 인간적으로는 불가능한 것처럼 여겨졌다. 그러나 그는 모든 신뢰를 성 프란치스꼬에게 두고서는 완전한 믿음으로 수사들에게 성인이 손댄 무언가를 자기에게 달라고 청했다. 되풀이해서 조른 끝에 그는 마침내 머리카락을 조금 얻어서 이것을 저녁에 그 틈이 난 사이에 끼워 넣었다. 아침에 그가 일어났을 때 그 틈이 꽉 짜이게 아물려 있어서 틈이 난 자국도 없었으며 머리카락을 뽑아낼 수조차 없었다. 그는 양심적으로 하느님의 성인의 허약한 육신을 시중 들었기에 자기의 집이 무너지려는 위험에서 벗어났던 것이다.

12. 또 한번은 기도에 전심하고 한 은둔소로 가던 길에 성 프란치스꼬는 몸이 허약하여 한 가난한 노동자의 나귀를 타고 갔다. 때는 여름철이고 그리고 그 나귀 주인도 성인을 따라 산속을 가고 있었는데 그는 길고도 힘든 여행으로 지쳐버렸다. 갈증으로 기절할 것 같아 그는 성인의 뒤에서 갑자기 "물 한 모금을 즉각 마시지 않으면 나는 갈증으로 죽을 것이오"라고 외쳤다. 프란치스꼬는 즉시 나귀에서 내려 땅에 무릎을 꿇고 양손을 하늘로 뻗치고는 무언가 자기에게 들려오는 것을 알아듣기까지 기도했다. 기도를 마치고 그는 자기

의 은인에게 말했다. "저 바위로 가시오. 그러면 흘러나오는 물을 발견할 수 있을 것이오. 그리스도는 자비하심으로 방금 당신을 위하여 거기에 물이 흐르게 해 놓으셨소." 자기의 종들에게 이토록 쉽게 자신을 굽히시는 하느님의 놀라운 아량으로써 목마른 인간은 바위로부터 물을 마실 수 있었으며, 한 인간의 기도의 힘으로써 단단한 돌로부터 자신의 갈증을 없앨 수 있었던 것이다. 그전에는 그 지점에서 결코 물을 발견할 수 없었으며 그 후에도 아무리 자세히 조사를 했어도 아무것도 발견할 수 없었다.

13. 몇 장 뒤에서 그리스도께서 그의 종 프란치스꼬의 중재로 배위에서 음식을 불어나게 하신 것을 얘기하겠다. 여기에서는 그가 희사로 받은 적은 양의 음식으로 여러 날 동안 전 선원을 굶주림의 위기에서 구한 것을 얘기하는 것으로 족하리라. 모세를 본받아 바위에서 물을 끌어낸 것과 마찬가지로 이번에 그는 그들의 양식을 많게 함으로써 엘리야를 본받았던 것이다.

그러므로 그리스도의 가난한 사람들은 겁낼 것이 아무것도 없다. 프란치스꼬의 가난은 매우 잘 조달되었으므로 그에게 도움을 청하러 온 사람들이 필요로 하는 것을 돈이나 다른 수단이 없을 때에도 음식과 마실 것과 집을 구해줌으로써 기적적으로 조달해 주었다. 하느님께서 거룩한 섭리의 과정 속에서 모든 사람들에게 주시는 필요한 것들을 그와 같은 가난이 모자라 하게 결코 내버려두시지 않는다. 한 단단한 바위가 거지의 청으로 목마른 자에게 마실 것을 풍부히 주었다면, 이 세상에 있는 그 어떠한 것도 창조주를 위해 모든 것을 버린 사람들에게 봉사하길 마다하지 않을 것이다.

8 경건함과 동정심 ― 피조물의 사랑

1. 경건한 생활은 사도 바울로가 우리에게 말하듯이 모든 면에서 유익하며 프란치스꼬의 마음을 가득 채웠으며, 그의 전 생애가 그것에 의해 좌우되는 섯처럼 보일 정도로 깊숙이 파고들었다. 또한 그를 기도 안에서 하느님과 연결시키고 그리스도의 고통을 나눔으로써 그리스도로 변화케 한 것도 바로 사랑에 가득 찬 동정심이었다. 그가 자신을 겸손히 이웃에게 바치도록 인도한 것도, 그리고 온갖 피조물들과 인간과의 조화를 회복시킴으로써 그로 하여금 원조 이전의 상태로 돌아갈 수 있게 한 것도 역시 이 사랑에 찬 동정심이었다.

사랑에 찬 동정심은 그로 하여금 모든 것을 특히 예수님께서 당신의 고귀한 피로 구제한 영혼들을 애정을 갖고 바라보게 했다. 만약 죄로 더럽혀진 인간을 보게 되면 그는 너무나 절실한 연민의 정을 갖고 슬퍼했기 때문에, 마치 그리스도 안에서 어머니와도 같이 그로 인해 끊임없이 고통을 겪고 있는 것같이 보였다. 이것이 하느님의 말씀을 설교하는 사람들에 대해 그가 그토록 존경심을 지닌 주된 이유이다 ― 죄인들의 회개를 위한 노력과 열정과 목자적인 열심으로 죄인들을 위하여 십자가에 못박히신 우리의 귀한 형제인 그리스도

의 이름으로, 그들은 자녀를 낳는 것이다. 그는 이러한 자비의 행위
가 그 어떠한 희생보다도 자비로운 하느님께 쉽게 받아들여질 수 있
다고 확신했다. 특히 그 자비의 행위가 설교보다는 모범으로써 장황
한 설교보다는 열렬한 기도로써 완전한 사랑의 정신 안에서 이루어
진다면 더욱 그렇다고 확신하였다.

2. 프란치스꼬는 듣는 이를 위해서가 아니라 자신의 영광만을 추구
하는 설교자나, 나쁜 생활의 표양으로 인해 자신이 가르침으로써 성
취한 것을 망치는 설교자에 대해 우리는 애석함을 느껴야 한다고 늘
말하곤 했다. 그러한 사람은 그 어떠한 진실한 수도자 정신도 결핍
되어 있다고 말했다. 오히려 웅변적 호소력이 없는 평범한 설교자가
그 자신의 좋은 표양에 의해 다른 사람들에게 이익이 되도록 해 줄
수 있기 때문에 도리어 더 좋은 위치에 있다고 그는 주장했다. "아
이 못 낳던 여자는 일곱 남매를 낳고"(1사무 2,5)의 구절을 아래와 같
이 해석했다. "아이 못 낳던 여자란 교회 안에서 아이를 낳도록 임
명되지 않은 불쌍한 수사이오. 그러나 마지막 심판 때에 많은 아이
들을 낳을 것이오. 왜냐하면 그때에 심판관은 그가 숨은 기도로 현
재 그리스도에게로 귀의시키는 모든 사람들을 그의 영광의 덕분이
라고 여기실 것이기 때문이오. '아들 많던 어미는 그 기가 꺾이리
라'(상동)는 말은 헛되고 말 많은 설교자로 자신의 능력으로 낳았다
고 상상하는 사람들에 대해 현재 자만하고 있으나 그때에 자신은 그
들의 구원과 아무 상관이 없다는 것을 알게 된다는 것을 의미하오."

3. 프란치스꼬는 열정적으로 타올랐으며 진심어린 동정심으로 인간

의 구원을 갈망했다. 그는 전 세계에 걸쳐 있는 경건한 수사들이 자기 자신들에 대해 훌륭한 평판을 얻은 결과로 사람들이 진실의 길로 돌아서고 있다는 이야기를 들었을 때에 그것은 그에게 달콤한 향기가 나는 매우 값진 향유, 즉 마음을 녹이는 방향芳香과 같다고도 늘 말하곤 했다. 그러한 얘기를 들었을 때 그는 매우 기뻐하였으며 또한 죄인들을 예수의 사랑에로 인도하는 책임을 맡았던 수사들에게 가장 환영의 축복을 주었다.

반면 그가 "나쁜 표양으로 자신이 과거에 이루었고 그리고 수도회에 있는 거룩한 수사들이 계속 성취할 것을 방해하고 망치는 자들에게 하느님과 하늘에 있는 모든 성인들께서 저주하시기를, 나도 또한 그들을 저주합니다"라고 말하였듯이 자신들의 나쁜 행동으로 수도원에 누를 끼친 사람들은 그의 무서운 저주를 받았다.

그는 경험이 없는 수도회 회원들에 관해 추문이 들리는 것을 알았을 때에 너무나 마음이 상해서 만일 하느님께서 당신의 자비로써 그를 붙들지 아니했다면 그로서 견디기에는 너무나 큰 것이었을 것이다. 나쁜 표양을 보고는 마음이 혼란하여져서 자비로운 아버지 하느님께 아들들을 위해서 열심히 기도했을 때에 그는 아래와 같은 대답을 들었다. "불쌍한 자여, 너는 무엇을 걱정하느냐? 내가 너를 나의 수도회의 목자로 만들어 놓고 나 스스로 그 수도회의 보호자가 되기를 그만두리라 생각하느냐? 내가 너를 선택한 이유는 네가 아무것도 자랑할 것이 없기 때문이며 또한 내가 네 안에서 이루어놓은 것은 인간의 노력에 의한 것이 아니라 거룩한 은총에 의한 것이다. 수사들을 부른 자는 바로 나다. 내가 그들을 지킬 것이며 그들의 목자가 될 것이다. 만일 몇 형제가 길가에 넘어지면 그들 대신에 딴 사람

들을 일으킬 것이며 형제들이 태어나지 않으면 내가 그들을 태어나
게 하겠다. 이 수도회가 아무리 심하게 흔들린다 하더라도 이 수도
회는 나의 은총을 통해 굳게 존속할 것이다.”

4. 프란치스꼬의 눈에는 비방하는 악이 특히 수도자 정신에 반대되
며 은총의 적인 것처럼 보였다. 그는 그것에 대해 마치 뱀에 물리는
것같이, 아니면 지독한 흑사병과 같이 끔찍하게 여겼다. 그리고 그
는 비방하는 자는 그 자신이 혀로써 죽이는 영혼들의 피를 빨아먹고
살기 때문에 하느님의 눈에는 역겨운 것이라고 주장했다. 한번은 한
수사가 다른 수사의 훌륭한 명예를 깎아내린다는 것을 들었을 때 그
는 대리자에게 “자 빨리빨리 자세히 조사해 보시오. 만일 그 비난받
은 수사가 결백하다면 그의 비방자를 엄격하게 바로잡음으로써 다
른 모든 수사들에게 본보기가 되도록 하시오”라고 말했다. 때로 그
는 다른 사람의 명예를 해치는 수사에게는 수도복을 벗기는 벌을 내
렸으며 덧붙여 그가 저지른 것을 회복하는 데 최선을 다할 때까지는
하느님께 눈을 들어서는 안 된다고 말했다. “비방자는 도둑보다 더
사악한 죄를 범하는 사람이오. 왜냐하면 사랑 안에서 완성을 이루는
그리스도의 법은 우리로 하여금 이웃의 육체보다는 영혼에 좋은 것
을 바라도록 하기 때문이오.”

5. 프란치스꼬는 육체적 고통으로 괴로움을 당하고 있는 사람은 누
구나 사랑스럽게 또 애정을 가지고 동정했으며 또한 어떤 사람에게
서 빈곤이나 결핍을 보면 즉시 그리스도께 맡겼다. 그는 선천적으로
친절하고 온유했으며 그리스도의 사랑은 오직 이러한 것을 강하게

해주었을 뿐이었다. 가난한 자와 허약한 사람들을 볼 때면 그의 영혼은 연민의 정이 솟아났으며 물질적 도움을 주지 못하는 데에는 아낌없는 애정을 쏟았다. 한번은 한 수사가 귀찮은 때에 애긍을 청하러 온 거지를 퉁명스럽게 거절했다. 프란치스꼬는 이 이야기를 듣고 그 거지에 대한 사랑에서 그 수사로 하여금 수도복을 벗게 하고는 그 거지의 발 아래에 엎디어 자기의 잘못을 고백하고 그의 기도와 용서를 청하게 했다. 그 수사가 겸손하게 순명하자 프란치스꼬는 부드럽게 말했다. "내 형제여, 당신이 거지를 볼 때 당신은 바로 주님과 주님의 가난한 어머니의 형상을 보고 있는 것이오. 병든 사람을 볼 때 그가 우리를 대신해 짊어진 병을 명심하시오." 프란치스꼬는 만나는 모든 가난한 사람들에게서 그리스도의 모습을 보았다. 그렇기에 그는 그들에게 자기가 가진 모든 것을 – 비록 자기 자신이 그것을 심히 필요로 하는 경우라도 – 줄 준비가 되어 있었다. 심지어 그는 그러한 애긍에 대해 마치 그것들이 그들에게 속한 것처럼 그들에게 권리가 있다고까지 믿었다. 한번은 그가 시에나에서 돌아오고 있을 때 한 거지를 만났다. 그때 건강이 좋지 못했기 때문에 수도복 위에 짧은 외투를 입고 있었다. 그 가난한 사람의 궁핍한 처지를 보았을 때 프란치스꼬는 동료들에게 말했다. "우리는 이 외투를 저 가난한 거지에게 주어야만 합니다. 왜냐하면 그것은 그의 것이기 때문입니다. 우리는 단지 이것을 더욱 필요로 하는 사람을 찾을 때까지 빌려 갖고 있는 것일 뿐이기 때문입니다." 그러나 그의 동료는 성인 자신에게 그 외투가 몹시 필요한 것이라는 걸 알고 있어서 성인이 다른 사람에게 줌으로써 자신을 돌보지 않는 것을 보는 것이 싫었다. "그러나" 하고 성인은 주장했다. "위대한 희사자이신 하느님은 내가 가진 것을 더 필요로 하는 사람에게 내가 주지 않는다면 그것을 내쪽에서 도둑질한 것이라 여기실 것입니다." 그는 은인으로부터 자기가 필요로 하는 어떤 것이나 받을 때면 언제나 자기보다 더 가난한 사람을 만날 경우 그 물건을 주어도 되느냐고 묻곤 했다. 그는 자기가 할 수 있는 처지에 있는 한 외투, 수도복, 책, 혹은 제대 덮개 등 그 어떠한 것도 전적으로 아끼지 않고 사랑의 계명에 순명하고자 그것들을 모두 가난한 사람에게 주었다. 또한 길에서 무거운 짐을 지고 가는 거지들을 만날 때면 그는 자주 그 무거운 것을 자신의 약한 어깨 위에 올려놓곤 했다.

6. 모든 것이 같은 근원에서 생겨나온다는 인식은 프란치스꼬를 지금까지보다 더 큰 애정으로 가득 채웠다. 그래서 그는 아주 미미한 피조물에게조차도 그들이 그와 똑같은 기원을 가졌다는 것을 알고 있었기 때문에 형제 자매라고 불렀다. 그러나 그는 그리스도의 온유하심을 그대로 반영하고 그분의 형상으로서 성서에 나오는 그 피조물에 대해 가장 온화한 동정심을 지니고 있었다. 그는 때로 죽게 끌려나온 양들을 자주 구했는데 이는 죄인들을 구하고자 스스로 원하시어 죽으신 천주의 어린양을 기념하고자 한 것이다.

한번은 그가 굽비오 주교 관구의 산 베레꾼도의 수도원에서 머물고 있을 때 양 한 마리가 그날 밤에 태어났다. 그러나 그것은 즉시 그 죄없는 피조물에게 조금의 자비심도 가지지 않은 한 악한 암퇘지의 습격을 받았는데 그 돼지는 굶주린 듯 그 양을 입에 물어 죽였다. 이를 전해들은 성인은 원죄없으신 천주의 어린양을 상기하여 깊은 충격을 받았다. 그래서 그는 모든 이 앞에서 다음과 같이 말하면서 그 양의 죽음을 애도했다. "죄 없는 피조물인 양 형제여, 너는 그리스도를 사람들의 눈에 대신 보여주었다. 너를 죽인 사악한 동물에게 저주 있을진저. 그 어떠한 인간이나 동물이 그것을 결코 먹지 말기를." 당장 거기서 그 사악한 암퇘지는 병이 들어 삼 일 동안 앓고 난 후 마침내 자기의 죄를 죽음으로써 보상했다. 그 시체는 수도원 해자垓字 밖에 버려져 오랫동안 방치되어 있다가 판자처럼 뻣뻣해져 가장 굶주린 동물조차 먹으려 들지 않았다.

한 동물의 잔악함이 그와 같이 끔찍한 종말을 초래했다면, 처벌의 시기가 최후에 왔을 때 사악한 인간들의 운명은 어찌 될까? 이 일로 믿는 이들도 프란치스꼬의 따뜻한 사랑의 위력과 또 그것이 동물들노 그들 나름대로의 방법으로 호응을 할 만큼 그를 가득 채우고 있음을 볼 수 있다.

7. 시에나 가까이를 여행하고 있었을 때 프란치스꼬는 들판에서 풀을 뜯고 있는 많은 양떼를 만났다. 그가 그들에게 평소처럼 다정하게 인사했더니 양들은 풀뜯기를 멈추고 모두 그에게로 달려왔다. 그러고는 고개를 곧추세우고 서서 프란치스꼬를 주시했다. 그들이 프란치스꼬에 대해 그들의 존경을 아주 명백하게 보여 주어서 목동들과 다른 수사들은 놀라 한살배기 양들과 수양들이 그의 주위를 흥분해서 뛰노는 것을 바라보았다. 한번은 그가 뽀르치웅꼴라에서 양 한 마리를 선물받았을 때 양의 이미지가 자연스럽게 불러일으키는 두 가지 덕, 즉 순결함과 단순함을 사랑하는 마음에서 기꺼이 그것을 받았다. 그는 그 동물에게 하느님을 찬미할 것과 수사들을 화나게 하는 짓을 삼갈 것을 훈계했다. 그러자 그 양은 마치 그가 자기에 대

해 품고 있는 애정을 알아차리기라도 한 것처럼 그의 지도를 주의 깊게 따랐다. 성당에 들어가서 수사들이 성가대에서 노래하는 것을 들을 때는 그것은 마치 어린양의 어머니신 성모님께 인사라도 하려는 양 자발적으로 제대 앞에서 존경심으로써 한쪽 무릎을 꿇고 앉아 울었다. 미사중 성체 거양 때에 무릎을 꿇고 깊이 경배하였기에, 믿음이 강한 사람들에게는 복된 성체에 대한 존경의 본보기를 보여주는 한편 신심이 없는 사람들에게는 그들을 꾸짖는 것이 되었다.

또 한번은 로마에서였는데 그때도 프란치스꼬는 천주의 어린양에 대한 존경심에서 양 한 마리를 갖고 있었는데 떠날 때가 되었을 때 그는 그 양을 세떼솔리의 야코바 부인에게 가지라고 주었다. 그 양은 자기의 여주인을 따라 성당에 가서 마치 프란치스꼬가 정신적 훈련을 그에게 시킨 것처럼 그녀가 떠날 때까지 떠나지 않고 같이 머물렀다. 아침에 혹 그녀가 늦게 일어나는 일이 있으면 그 양은 그녀에게 성당에 갈 채비를 서두르라고 조르며 뿔로 그녀를 쿡쿡 찌르고 울음소리로 그녀를 깨웠다. 그녀는 적이 놀랐으며 프란치스꼬의 제자였으며 지금은 신앙생활의 스승이 된 그 양을 매우 좋아하게 되었다.

8. 한번은 프란치스꼬가 그레치오에서 살아 있는 산토끼 한 마리를 선물받았다. 그는 그 토끼를 땅에다 내려놓고 좋아하는 곳으로 가도록 풀어주었다. 그러나 그가 토끼를 부른 순간 그것은 펄쩍 뛰어 프란치스꼬의 팔에 안겼다. 프란치스꼬는 다정하게 안고 마치 어머니처럼 그것을 가련해하는 것 같았다. 그다음 그는 다시는 잡히는 일이 없도록 하라고 부드럽게 경고하고는 그것을 자유롭게 가게 내버려두었다. 그러나 그가 가라고 땅 위에다 내려놓기만 하면 토끼는

어떠한 신비한 방법으로 프란치스꼬가 자기에 대해 가지고 있는 사랑을 감지하기라도 한 것처럼 그의 품으로 뛰어드는 것이었다. 결국 프란치스꼬는 수사들에게 그 토끼를 숲속 더 안전한 장소에 갖다 두게 했다.

같은 방법으로 트라시메노 호수에 있는 한 섬에서 잡힌 토끼는 모든 사람을 두려워했지만 프란치스꼬의 포옹에는 그곳이 제집인 것처럼 제몸을 맡겼다. 그레치오로 가는 도중에 피에딜루꼬 호수를 지나고 있을 때 한 어부가 물새 한 마리를 주었다. 프란치스꼬는 그것을 받아서는 양팔을 벌려 그 새를 놓아주려 했으나 그 새는 떠나려 하지 않았다. 성인은 거기 서서 하늘을 우러러보며 기도했다. 한참 후 사신으로 돌아와 새에게 날아가 하느님을 찬미하라고 한번 더 격려했다. 프란치스꼬가 그에게 축복을 주자 그 새는 약간 몸을 움직여 자기의 기쁨을 내보이고는 날아갔다. 같은 호수에서 프라치스꼬는 살아 있는 생선 한 마리를 얻었는데 보통 때처럼 형제로서 말을 건네고는 배 가까이 있는 물에 도로 넣어 주었다. 그 고기는 프란치스꼬의 애정에 매혹된 것처럼 그의 앞에서 이리저리 설치며 놀더니 프란치스꼬가 축복과 함께 허락하자, 그때서야 겨우 떠났다.

9. 또 한번은 프란치스꼬가 다른 수사와 함께 베네치아 늪지를 걷고 있을 때 갈대 사이에서 지저귀고 있는 거대한 새떼를 만났다. 성인은 새들을 보았을 때 동료들에게 말했다. "우리의 자매인 새들은 그들의 창조주를 찬양하고 있습니다. 우리도 그들 속에 들어가 성무일도를 드리며 하느님을 찬미하는 노래를 부릅시다." 그들이 거기 있는 새들 틈에 끼어들었는데 새들이 너무도 시끄럽게 지저귀고 있었

기 때문에 수사들은 자기들의 성무일도 바치는 소리를 들을 수 없었다. 마침내 성인은 그들에게 돌아서서 "자매들이여, 찬양받을 권리를 가지신 하느님께 우리가 찬양을 드릴 때까지 지저귀지 말아다오"라고 말하자 새들은 곧 조용해졌으며 동료들이 성무일도를 바칠 넉넉한 시간을 가지고 또 찬미를 다 바치고 난 후 프란치스꼬가 다시 그들에게 노래하길 허락할 때까지 그들은 그대로 있었다. 그 뒤 새들은 일상처럼 노래하기 시작했다.

뽀르치웅꼴라에 있는 프란치스꼬의 방 곁의 무화과나무에 매미가 앉아서 노래하곤 했는데 그 노래는 프란치스꼬에게 하느님을 찬미하도록 자극했던 것이다. 이것은 가장 보잘것없는 피조물 안에서도 그는 창조주의 영광을 찬미할 수 있었기 때문이다. 어느 날 프란치스꼬가 매미를 불렀다. 매미가 하느님의 가르침이라도 받은 것처럼 그의 손으로 뛰어내려와 앉았을 때 프란치스꼬가 "노래하라, 나의 자매인 매미야, 너의 창조주인 하느님을 찬양하는 노래를 불러라" 하고 말하자 곧 매미는 울기 시작해서 프란치스꼬가 매미에게 원래 늘 있던 가지로 돌아가라고 말하자 그제서야 겨우 그쳤다. 거기에 매미는 남아서 일주일 내내 그의 청에 따라 노래를 부르며 매일 왔다가 가곤 했다. 마침내 성인은 동료들에게 "우리는 자매인 매미에게 자유롭게 날아가 버리도록 허락해 주어야 하오. 매미는 노래로써 우리에게 충분한 기쁨을 주었으며 우리에게 일주일 내내 하느님께 찬미하라는 깨우침을 주었소"라고 말하였다. 그가 매미에게 떠나라는 허락을 주자 곧 매미는 그의 명령을 조금이라도 감히 어기지 않으려는 것처럼 사라져서는 다시는 모습을 보이지 않았다.

10. 프란치스꼬가 시에나에서 병이 나 있었을 때 어떤 귀족이 산 채로 잡은 꿩 한 마리를 그에게 보내왔다. 그 새는 프란치스꼬를 보고 또 그의 목소리를 듣는 순간 매우 다정하게 프란치스꼬와 함께 머물러 있으면서 그에게서 떨어지려 하지 않았다. 그들은 새를 수차례 수도원 외곽에 있는 포도원 쪽으로 풀어주었으나 그 새는 평생을 프란치스꼬와 살았기라도 한 듯이 항상 성인께로 되돌아왔다. 결국 그들은 성인을 자주 만나러 왔던 한 사람에게 주었지만 그 새는 프란치스꼬의 시야에서 벗어나 있는 것이 싫은지 전혀 먹으려 들지 않았다. 그들이 다시 그 새를 데려와 그 새가 프란치스꼬를 볼 수 있게 되자마자 그 새는 먹기 시작하고 온갖 기쁨의 표정을 다 지었다.

성 프란치스꼬가 성 미카엘 대천사를 기념하기 위해 단식하고자 라 베르나 산의 은둔소에 도착했을 때 온갖 새떼들이 그의 도착을 환영하듯 노래하며 그의 방 주위를 선회했다. 그들은 자기들과 함께 있을 아버지를 초대하고 있는 것 같았다. 프란치스꼬는 새들을 보고 동료에게 "나는 우리가 여기 머무는 것이 하느님의 뜻이라는 것을 알았소. 우리 자매들인 새들이 우리를 보고 이처럼 기뻐하고 있으니 말이오"라고 말했다. 거기에 체류하는 동안 그곳에서 서식하고 있던 한 마리의 매가 그의 친한 친구가 되어 매일 밤 그가 성무일도를 드리려고 일어나곤 하던 시간에 노래로 그를 깨워 주었다. 그에 대한 염려를 보여줌으로써 그 새는 그가 나태할 조금치의 여유도 허락하지 않아 성인은 기뻤다. 그러나 프란치스꼬가 평소보다 더 휴식해야 할 필요가 있을 때에는 그 매는 그를 가엾게 여겨 그렇게 일찍 깨우지는 않았다. 그럴 때면 그 매는 하느님에게서 교육을 받은 것처럼 새벽녘쯤 종소리와 같은 노랫소리로 그를 깨우곤 했다.

온갖 새들과 매의 노랫소리가 보여준 기쁨은 확실히 하느님을 흠숭하고 찬미하는 데 헌신하는 프란치스꼬가 명상의 날개를 타고 높이 오르고 세라핌의 발현으로 명상의 최고 경지에 다다르게 될 것을 가리키는 하나의 신적인 조짐이었던 것 같다.

11. 한번은 프란치스꼬가 그레치오의 은둔소에서 지내고 있을 때 그 지역 사람들은 그들에게 닥친 일련의 재해 때문에 형편이 나쁜 처지에 빠져 있었다. 탐욕스런 늑대떼가 그 지역의 가축뿐만 아니라 사람들을 습격한다는 것이며 옥수수밭과 포도원은 매년 우박으로 황폐한 채로 남아 있었다. 프란치스꼬가 그들에게 설교하던 중에 그들에게, “만일 여러분이 나를 믿고 참된 고백을 하며 회개에 합당한 열매를 맺음으로써 자신들을 위해 자비를 원한다는 것을 보여준다면 나는 여러분에게 전능하신 하느님의 영예와 영광으로써 이러한 온갖 재난이 곧 끝날 것이며 하느님은 여러분에게 축복을 풍부히 내리시리란 것을 약속드립니다. 그러나 여러분의 태도가 불손하게 옛날 방식으로 되돌아간다면 당신의 곤경은 되살아나고 전보다 더 극심해질 것이며 하느님의 분노가 두 배로 가중될 것이라는 것도 또한 약속합니다”라고 말했다. 마을사람들은 프란치스꼬의 충고대로 회개하였다. 그러자 그 순간부터 그들의 고통은 끝이 났다. 위기는 지나갔고 늑대떼와 우박은 더 이상 해를 끼치지 않았다. 사실 이웃땅을 황폐화시킨 우박을 동반한 폭풍은 그들의 땅 가까이 와서는 멈추거나 진로를 바꾸어 갔다. 우박과 늑대 무리는 프란치스꼬와 맺은 계약을 지켰으며 동의한 대로 사람들이 하느님의 율법을 지키는 한 그들을 괴롭히려 하지 않았으며 지금 그들은 선한 삶을 살고 있다.

따라서 너무나 놀라운 매력을 지니고 있어서 야생동물들을 복종하게 하고, 숲의 짐승들을 길들이고, 이미 길들여진 동물들을 훈련시키고, 인간의 원죄로 인하여 인간들과 원수가 되었던 맹수들을 다시 순종하게 한 성 프란치스꼬의 사랑에 찬 경건심에 대해 가장 큰 존경심을 지녀야 할 것이다. 이것이야말로 참된 경건심이며 이 경건심은 모든 창조물을 사랑이란 하나의 계약으로 뭉쳐 주기에 "모든 면에서 유익합니다. 그것은 현세의 생명을 약속해 줄 뿐 아니라 내세의 생명까지도 약속해"(1디모 4,8) 주는 덕이다.

1. 어느 인간의 혀도 프란치스꼬가 그의 배우자인 그리스도를 향해 불태운 열정적인 사랑을 묘사할 수는 없다. 그는 타오르는 숯불과 같이 신적인 사랑의 불에 완전히 매료된 것 같았다. 그가 하느님의 사랑이 얘기되는 것을 듣는 순간이면 즉시 그의 마음은 일어나 너무도 깊이 감동을 받고 불타올라서 마치 마음속 가장 깊은 현絃이 그 말로 인해 퉁겨진 것 같았다. 그는 희사를 받을 때 보답으로 하느님의 사랑을 주는 것은 고결한 사람에게 관용이며 그 사랑을 돈보다 가치가 적다고 여기는 사람은 누구나 바보라고 늘 말하곤 했다. 왜냐하면 신적인 사랑의 무한한 값만이 천상왕국을 얻을 수 있는 유일한 것이기 때문이다. 그는 또 "우리를 그토록 지극히 사랑하신 그분의 사랑을 크게 사랑해야 한다"라고 말했다.

프란치스꼬는 모든 것에서 하느님을 찬양할 계기를 찾고자 했다. 하느님의 손이 이루신 모든 일을 기꺼워했으며 세상에서 기쁜 일을 볼 때면 그의 마음은 생명력을 부여하는 근원 즉 모든 것의 원인에게로 날아올랐다. 모든 아름다운 것에서 그는 아름다움 자체이신 그분을 보았으며 창조물에 새겨져 있는 그분의 모습을 보고 그는 어디서나 사랑하는 그분의 뜻을 따랐다. 그는 모든 피조물을 사다리로 삼아 온전히 바라 마지않을 그분께 오르고 그분을 껴안고자 했다. 뛰어난 믿음의 힘으로 모든 피조물 안에서 모든 것의 근원인 선을 맛보았다. 그는 하느님께서 피조물에게 부여한 능력과 기능의 상호 작용에서 신적인 조화를 감지한 것 같았으며 또한 마치 예언자 다윗 왕처럼 그는 이들 모두에게 신을 찬미하도록 권고했다.

2. 십자가에 못박히신 예수 그리스도에 대한 생각은 유향처럼 언제나 그의 심중 깊숙이 존재해 있었다. 그리고 그는 사랑의 불길로 자신이 그분으로 완전히 변모되길 열망했다. 그리스도께 대한 각별한 신심으로 그는 매년 예수님께서 혼자 사막에서 지냈던 시기인 주의 공현 축일부터 시작해서 40일간 단식했다. 그때가 되면 그는 어떤 한적한 곳에 가서는 하느님께 기도하고 찬양하면서 가능한 한 적게 음식과 물을 마시며 자기 방안에 박혀 지냈다. 그가 그리스도를 너무도 열렬히 사랑하고 그리스도도 그의 사랑에 너무도 다정하게 화답하셨으므로 그가 한번 동료들에게 비밀히 인정했던 것처럼 그는 구세주를 끊임없이 자기 눈앞에서 보고 있는 것 같았다. 그는 전심으로 우리 주님의 몸인 성체에 대한 사랑으로 불탔으며 자신을 그와 같이 낮추시는 사랑, 그와 같은 사랑에 찬 자기낮춤을 생각할 때면 경이에 차서 넋을 잃었다. 그는 자주 그리고 너무도 경건히 성체를 영했기 때문에 다른 사람들도 열중하도록 일깨워 주었다. 원죄없으신 어린양의 현존은 그를 그 자신에게서 늘 이끌어내곤 하였기에 그는 자주 탈혼하였다.

3. 그는 주님이신 예수님의 어머니를 말할 수 없는 사랑으로 포옹하였다. 이는 그가 말한 대로 주님을 우리의 형제로 만드신 분이 바로 그녀이시며 또한 그녀를 통해 자비를 발견했기 때문이다. 그리스도를 좇아서 그는 그녀에게 자신의 모든 신뢰를 두었으며 그녀를 자신과 수사들의 보호자로서 모셨다. 성모님을 기념하여 해마다 성 베드로와 성 바울로의 축일부터 성모승천축일까지 단식했다. 그는 놀라운 불길로 타오르는 천사들에 대해서 흔들리지 않는 사랑을 지녔다. 이 천사들은 자신의 불길로 뽑힌 자들의 영혼을 불태우게 하고 하느님께로 나아가게 하기 때문이다. 해마다 그는 성모승천축일부터 그 천사들을 위하여 40일 동안 단식하고 기도하였다. 영혼을 구하고자 하는 불타는 열망에서 그는 대천사 성 미카엘에게 특히 헌신했는데 이는 하느님 앞에 영혼을 데리고 가는 것이 그 천사의 직책이었기 때문이다.

하느님의 성전에서 마치 타오르는 석탄과도 같은 모든 성인들의 자비가 프란치스꼬 안에 거룩한 불을 놓아 그는 모든 사도들을 가장 큰 애정을 가지고 맞아들였으며 하느님에 대한 열정적인 사랑을 지켰던 성 베드로와 성 바울로를 특히 받아들였다. 이들에 대한 존경과 사랑에서 특별한 40일 단식을 늘 지키곤 했다. 그리스도의 거지인 프란치스꼬는 관대한 사랑 안에서 자기가 마음대로 할 수 있는 것으로 단지 두 가지의 것을 지니고 있었으니, 이는 자신의 육체와 영혼이었다. 그러나 그리스도에 대한 사랑으로써 그는 이들을 끊임없이 사용하였기 때문에 자신의 육체는 엄격한 단식으로, 자신의 영혼은 타오르는 갈망으로써 항상 희생하는 것같이 보였다. 이런 식으로 자기의 마음의 제단 위에 향기로운 냄새가 풍기는 약초를 태우면

서 그는 마치 성전 마당에 있는 제사장들처럼 가시적可視的인 번제물
을 바쳤다.

4. 프란치스꼬의 사랑의 열정은 그를 그리스도와 너무도 밀접하게
일치시켰으므로 그의 진심어린 동정은 자기와 같은 성격과 은총의
선물을 누리고 있는 모든 사람들을 포용할 만큼 커졌다. 그의 부드
러운 사랑은 그를 모든 피조물의 형제가 되도록 하였다. 그렇기에
만드신 분의 이미지를 지니고 있으며 창조주의 피로써 구원된 사람
들과 그를 더 한층 가까이 결합시킨다는 것은 놀라운 일이 아니다.
그는 만일 자신이 그리스도께서 구원하신 영혼들을 사랑하지 않는
다면 자신을 그리스도의 연인이라고 생각지 않으려 했나. 그는 그
어떠한 것도 영혼의 구원 문제보다 앞서는 것이 없다고 말하곤 했는
데, 왜냐하면 하느님의 외아들이 십자가 위에 달리신 것도 영혼을
위해서였기 때문이다. 그가 설교에서 그처럼 적극적이었던 것도 영
혼을 위해서였으며, 또한 좋은 모범을 보이는 데 있어서 그 모든 한
계를 넘어서 나아갔던 것도 영혼을 위한 것이었다. 그는 지나치게
엄격하다고 비난을 받았을 때에 자신은 다른 사람들에게 모범이 되
고자 그렇게 한다고 대답했다. 영혼에 자발적으로 복종하였던 자신
의 죄없는 육체는 죄로 인한 처벌을 받을 필요가 없었지만 그러나
훌륭한 모범을 보이기 위해서 자주 육체에 벌을 가했다. "그 험한
길을 꾸준히 걸은"(시편 17,4) 것은 오직 다른 사람들을 위해서였다.
그는 늘 이렇게 말하곤 했다. "나는 모든 인간과 천사의 언어로써
말을 하고자 합니다. 만일 내가 사랑이 없어서(1고린 13,1-3) 다른 사람
들에게 덕의 모범을 세우지 못한다면 나는 그들에게도 별로 소용이

없는 존재이며 나 자신에게는 전혀 소용이 없을 것입니다."

5. 그는 사랑의 열정 안에서 사랑의 불길이 꺼질 수 없었고 용기가
꺾일 수 없었던 순교자들의 영광스러운 승리를 본받고자 하였다.
"두려움을 몰아내는"(1요한 4,18) 완전한 사랑으로 불타올라 그는 순교
의 칼로써 하느님께 자신을 산 제물로 바치고자 갈망했다. 이런 식
으로 그는 예수님께서 우리를 위해 죽으신 그 사랑에 보답하고자 했
으며 다른 사람들에게 하느님을 사랑하도록 고취시켰다. 수도생활
로 들어온 지 6년째 되던 해에 그는 모슬렘 사람들에게 회개와 그리
스도에 대한 믿음을 설교하고자 시리아로 가기로 결정했다. 그는 여
행을 떠나려고 배에 올랐으나 역풍으로 말미암아 달마시아로 가게
되었다. 거기에서 그는 잠시 머물렀으나 여행을 계속할 배를 발견하
지 못하였다. 그리고 자신의 갈망이 좌절됨을 느끼고는 그는 안코나
로 떠나려고 하는 한 배의 선원에게 다가가서 하느님의 사랑으로서
자기들을 함께 데리고 가도록 청했다. 그가 배삯을 지니고 있지 않
았기 때문에 그들은 거절했다. 프란치스꼬는 하느님을 신뢰하고 동
료와 함께 밀항했다. 그때에 하느님에게서 영감을 받은 것처럼 보이
는 한 사람이 그들에게 필요한 음식을 가지고서 다가왔다. 그는 신
자인 한 선원에게 다가가서 말하였다. "이 보관물을 배에 숨어 타고
있는 수사들을 위해서 보관해 두었다가 때가 오면 그들에게 주시
오." 이때에는 선원들이 양식이 떨어져 있었던 때였다. 이는 강풍으
로 배가 며칠 동안 앞으로 나아가지 못하였기 때문이며 따라서 그들
이 가지고 있던 유일한 양식이라곤 프란치스꼬에게 주어져 있었던
그 희사물뿐이었다. 이것은 대단히 많은 것은 아니었으나 하느님은

그것을 많게 하시어 비록 강풍이 계속되어 여러 날 바다에 묶여 있었음에도 불구하고 그들이 안코나에 도착할 때까지 모든 사람이 먹고도 남을 정도로 풍족한 음식이 되었다. 모든 면에서 죽음의 위기에서 구원받은 것은 성 프란치스꼬의 덕분이라는 것을 선원들은 깨닫고, 하느님께서 당신의 친구와 종들 안에서 얼마나 사랑스럽고 놀라우신 분인가를 보여주신 데 대해 감사를 드렸다. 그들은 바다에서 일어나는 온갖 위험을 잘 알고 있는 사람들이어서 그때 자기들을 위해서 하느님께서 이루어 주셨던 기적을 수긍할 수 있었던 것이다.

6. 그 해변을 떠나서 프란치스꼬는 어디에나 구원의 씨를 뿌리고 풍성한 추수를 거두어늘이면서 지방을 돌아다니며 선교여행을 계속했다. 그러나 순교의 상급은 여전히 그의 마음을 너무도 강하게 끌었기 때문에 그리스도를 위해 죽고자 하는 생각은 덕을 실천함으로써 그가 얻은 수 있는 그 어떠한 공덕보다도 그에게는 더 큰 것을 의미했다. 그래서 그는 이 방법으로 승리의 영예를 얻기를 바라면서 터키 황제와 그의 백성들에게 그리스도의 복음을 가르치고 모로코를 향해 길을 떠났다. 그의 갈망은 그를 매우 민첩하게 해주어 비록 그가 육체적으로 허약해 있었지만 마치 자신의 목적을 성취하려는 갈망에 도취된 듯이 그는 자기의 동료를 뒤에 처지게 하고는 급히 앞서갔다. 그러나 그가 스페인까지 여행했을 때 그는 하느님의 계획에 의해 병이 들었다. 왜냐하면 하느님은 그를 위해서 다른 계획을 갖고 계셨기 때문이다. 병 때문에 순교를 얻지 못하자 프란치스꼬는 비록 죽음을 얻는 것이 상급이라고 확신하고 있었지만 자신의 생명은 여전히 자기가 세워놓은 가족에게 필요함을 깨달았다. 그래서 그는 자신의 보

호하에 맡겨져 있었던 양떼들을 돌보기 위해 되돌아갔다.

7. 여전히 열성적인 사랑은 그를 몰아대어 자신의 피를 흘림으로써 이교인들에게 삼위일체의 신앙을 가르치고자 세 번째로 나섰다. 그는 수도생활을 한 지 13년째에 시리아로 갔고 거기서 그는 이집트의 술탄(군주)이 있는 곳까지 닿기 위해서 모든 위험을 용감히 극복했다. 그때에 그리스도인과 모슬렘들 사이에 격렬한 싸움이 일어나고 있었으며 양군은 서로 가까운 지역에 맞서서 집결해 있었기 때문에 이편에서 저편으로 안전하게 통과할 방법이 없었다. 이집트의 술탄은 그리스도인의 머리를 자기에게 가져오는 사람은 누구나 비잔티움의 금덩이를 상으로 받게 될 것이라고 포고했다. 그러나 그리스도의 기사인 프란치스꼬는 주춤하지 않고 자신의 야망을 곧 실현시키려는 높은 희망을 지녔다. 죽음에 대한 생각은 그를 두렵게 하기는커녕 오히려 그의 마음을 끌었다. 그래서 그는 이 여행을 하기로 맘먹었다. 그는 기도하였으며, 시편의 말씀 "나 비록 음산한 죽음의 골짜기를 지날지라도 내 곁에 주님 계시오니 무서울 것 없어라"(시편 23,4)를 노래했을 때 그는 하느님으로부터 힘을 얻었다.

8. 그는 높은 덕을 지니고 있고 견식있는 사람인 일루미나투스라는 동료 수사를 데리고 갔다. 길을 떠났을 때 그들은 두 마리 양을 만났다. 그것들을 보고 성인은 대단히 기뻐 동료에게 말했다. "당신의 모든 신뢰를 하느님께 두시오. 왜냐하면 '이제 내가 너희를 보내는 것은 마치 양을 이리떼 가운데 보내는 것과 같다'(마태 10,16)는 복음 말씀이 우리 안에서 이루어지기 때문입니다." 그들이 더 멀리 갔을

때 회교 군대에 속하는 사람들과 마주쳤다. 이들은 마치 양떼를 덮치는 이리들처럼 그들을 덮치고는 사납게 붙잡았다. 그들을 야만스럽게 학대했으며 때리고 쇠고랑을 채우면서 모욕하였다. 그런 후 받은 학대로 녹초가 되어 그들은 하느님의 섭리에 의해 프란치스꼬가 원하던 바와 똑같이 이집트의 술탄 앞에 끌려갔다. 술탄은 그들에게 누구에 의해, 왜, 그리고 어떠한 능력으로 그들이 보내졌으며, 어떻게 거기에 다다랐는지 물었다. 그러나 프란치스꼬는 자기들은 그와 그의 백성에게 구원의 길을 보여주고 복음의 진실을 선포하고자 인간에 의해서가 아니라 하느님에 의해서 보내졌다고 용감하게 대답했다. 그가 삼위일체이신 하느님과 모든 이의 구세주이신 예수 그리스도를 그처럼 굳건하게 그처럼 용감한 정신을 지니고 선포하였기에 "너희의 적수들이 아무도 맞서거나 반박할 수 없는 언변과 지혜를 내가 주겠다"(루가 21,15)란 복음의 약속이 그 안에서 이루어졌음은 명백하다 하겠다.

술탄은 그의 열성과 용기를 보고는 그의 말을 기꺼이 경청했으며 자기와 함께 머무르라고 졸랐다. 그러나 프란치스꼬는 하느님으로부터 영감을 받아 대답하였다. "만일 당신과 당신 백성이 그리스도께로 즐겨 개종할 것 같으면 나는 오로지 기뻐하며 그분에 대한 사랑으로 당신과 즐겨 머무를 것이오. 그러나 만일 당신이 그리스도를 위해 마호메트 율법을 포기하기가 두렵다면 큰 불을 지피시오. 그러면 내가 불 속에 당신의 제사장들과 함께 들어가리다. 그것이 어느 신앙이 더욱 확실하고 더욱 거룩한가를 당신에게 보여줄 것이오." 이에 대해 그 술탄은 이렇게 대답했다. "나는 나의 제사장들 중의 어느 누구도 자신의 신앙을 옹호하기 위해서 자신을 기꺼이 불길에 내맡기거나, 아니면 그 어떤 종류의 고통이라도 받기를 원하리라고 생각지 않소.”(그는 방금 나이 많고 높이 존경받는 사람인 제사장들 중 한 사람이 프란치스꼬의 제안을 듣는 순간 살짝 빠져나가는 것을 보았던 것이다.) 그러자 프란치스꼬는 계속했다. “만일 당신이 내가 불길 속에서 아무런 해도 입지 않고 나올 경우 당신과 당신의 백성들이 그리스도교를 받아들이겠다고 나에게 약속할 준비가 되어 있다면 나는 그 속에 혼자 들어가겠소. 그러나 만약 내가 불에 타버린다면 당신은 그것을 나의 죄의 탓이라 돌려야 하오. 반면에 하느님께서 그분의 힘으로 나를 구해 주신다면 당신은 ‘하느님의 힘이며 하느님의 지혜이신 그리스도’(1고린 1,24)를 참된 하느님, 모든 이의 주님이시며 구세주로서 인정해야만 하오.” 술탄은 그의 백성들 간의 반발을 두려워하여 자신은 그와 같은 선택을 감히 받아들이지 않겠노라고 대답했다.

그러고 난 후 그는 프란치스꼬에게 값나가는 선물을 많이 주었다. 그러나 성인은 오직 영혼의 구원만을 갈망하였으며 이 세상 것들에겐 아무런 관심도 없었다. 그래서 그는 그것들을 먼지인 것처럼 모두 경멸하였다. 술탄은 세속 부귀에 대해 그와 같이 완전히 무시하는 것을 보고는 넋을 잃고 감탄했으며 성인에 대해 이전보다 더욱 큰 존경심을 느꼈다. 그러나 그는 그리스도인이 되기를 거절했다. 아니 어쩌면 감히 되고자 하지 않았을 것이다. 그러나 동시에 그는 성인에게 자기의 영혼을 위해 그 선물을 받아 가난한 그리스도인에게나 교회에 주라고 간청했다. 그러나 프란치스꼬는 돈 때문에 난처해지게 되는 것을 원하지 않았으며 더욱이 술탄에게서 순수히 종교적인 정신의 표시를 볼 수 없었기에 거절했다.

9. 이제 프란치스꼬는 모슬렘들을 개종시킬 희망이 없음과 순교의 왕관을 얻을 수 없음을 깨달았다. 그래서 거룩한 영감에 의해 그는 다시 그리스도인 지역으로 되돌아왔다. 그래서 하느님의 자비로운 섭리의 처분에 의해, 그리고 또한 그분의 거룩하신 공덕에 의해서, 그리스도의 연인은 그분을 위해 온 마음으로 죽고자 갈망했으나 결코 성공하지 못했다. 그는 후에 뛰어난 특권으로 꾸며지기 위해 죽음에서 구원을 받았던 것이다. 그러나 이것으로 그는 갈망하던 순교의 공로를 어느 정도 지니게 되었다. 신적인 사랑의 불은 그의 마음속에서 더 한층 완벽하게 타오르고 있었으며, 그의 생애의 후반기에 그것은 눈에 보이게 육체 위에 분명히 나타났다. 그것은 오상으로 그에게 합당하였다 – 그의 육신은 결코 폭군의 칼에 쓰러지지 않았으나 그것은 죽임을 당한 어린양의 것과 똑같이 찍혀졌다. 그는 이중으로 행복했다 – "그 영혼은 박해자들의 창검에 목숨을 앗기지 않고도 순교의 빨마를 얻었도다"(성 마르띠노의 성무일도 중 제2 저녁기도 성모의 노래 후렴).

10 기도에의 헌신

1. 성 프란치스꼬는 육체에 머물러 있는 동안에는 주님에게서 멀리 떠나 있다는 것을 알았다(2고린 5,6-8 참조). 그리고 그리스도에 대한 그의 사랑은 그로 하여금 이 세상의 것들에 대해서는 아무런 욕망도 느끼지 않도록 했다. 그리하여 그는 사랑하는 분으로부터 오는 위안을 놓치지 않도록 끊임없이 그분에게 기도함으로써 자신의 영혼이 하느님의 면전에 항상 있도록 노력하였다. 기도는 이 명상하는 생활 가운데서 그의 주요한 위로였다. 명상하는 생활 안에서 그는 육체적으로만 떨어져 있는 사랑하는 분을 찾고자 하는 열망 가운데서 하늘 나라에 이미 들어간 것처럼 천사들과 동료가 된 것 같았다. 기도는 그가 하는 모든 일에 있어서 확실한 피난처였다. 그는 결코 자기 자신만의 노력에 의존하지 않고 하느님의 사랑스런 섭리에 신뢰를 두었으며 자신의 근심의 짐을 끊임없는 기도 안에서 그분께 맡겼다. 그는 기도의 은총이야말로 수도자가 다른 무엇보다도 추구해야 할 가치 있는 것이라고 확신했다. 그 어떠한 사람도 기도 없이는 하느님께 봉사하는 데 있어서 진보할 수 없다고 주장했으며 또한 그는 수사들을 기도에 전심시키고자 자기가 할 수 있는 모든 수단을 사용

했다. 걷고 있든 앉아 있든, 고국에 있든 외국에 있든, 일하고 있든 쉬고 있든 간에 그는 너무도 열심히 기도에 전력하였기에 자신의 마음과 영혼뿐만 아니라 자신의 모든 수고와 모든 시간까지 기도에 바친 것처럼 보였다.

2. 프란치스꼬는 영혼의 어떠한 부름도 대답을 받지 못한 채 지나쳐 가도록 결코 내버려두지 않았다. 그것을 경험할 때 그것을 가장 최대한으로 이용하였으며 하느님이 그것을 허락하시는 한 이런 식으로 자기에게 주어진 위로를 즐겼다. 여행길에 있을 때에 하느님의 영이 가까이 다가오고 있음을 느낄 때면 자기의 동료들은 계속 나아가게 하고 자신은 멈추어 서서 이 새로운 영감을 받았다. 그는 하느님의 은총을 헛되게 하지 않으려 했다(2고린 6,1 참조). 자주 그는 묵상의 광휘 안에서 자기 자신으로부터 나왔다. 그래서 그는 탈혼에 빠졌으며 자기 주위에서 무슨 일이 일어나고 있는지에 대해서는 아무것도 알지 못하는 반면 모든 인간의 이해를 넘어서는 것을 경험하였다.

한번은 보르고 산 세폴크로 마을을 지나가고 있었을 때에 군중들이 그를 만나려고 온통 흥분해서 밀치고 나왔다. 그는 건강이 좋지 못한 까닭에 나귀를 타고 있었는데 그들은 사방으로 밀어붙이며 이쪽저쪽으로 그를 당기고 끌면서 주위에 몰려들었다. 그러나 그는 이 모든 것에 대해서 아무것도 느끼지 않는 것처럼 보였으며 마치 죽은 사람처럼 일어나고 있는 일을 아무것도 눈치채지 못한 것 같았다. 그들이 그 군중들을 뒤에 남기고 그 마을을 지나서 한참 후에 한 나병환자 병원에 오게 되었다. 그때서야 그는 마치 먼 곳에서 되돌아오기라도 한 듯이 언제쯤 보르고 산 세폴크로 가까이 당도할 수 있는지 초조하게 물었다. 그의 마음은 하늘의 영광에 쏠려 있어서 장소나 시간이나 사람들에게 일어난 모든 변화를 전혀 알아채지 못했다. 그의 동료들은 이런 일이 자주 그에게 일어나는 것을 자신들의 경험으로써 알았다.

3. 프란치스꼬는 세속 일의 분잡함에서 멀리 떨어져 있을 때 자신이 갈망하는 성령을 더욱 친밀하게 받는다는 것을 기도 가운데서 배웠다. 그래서 그는 황야의 외딴곳을 찾곤 했으며 또한 밤에 기도하기 위하여 버려진 교회로 들어가곤 했다. 거기에서 자신에게 끈덕지게 달려들며 기도하지 못하게 하는 마귀의 무서운 공격을 자주 참아야만 했다. 그러나 프란치스꼬는 초자연적인 무기로 무장을 하였으며, 마귀가 그에게 심하게 공격하면 할수록 그만큼 더 덕을 실천하는 데 용감하였으며 기도하는 데 더욱 열심하였다. 그리고 난 후 그리스도께 모든 신뢰를 두고 말하곤 했다. "당신의 날개 그늘 아래 숨겨 주소서. 이 몸을 짓밟는 악인들에게서 지켜 주소서"(시편 17,8-9). 그리고 그는 마귀에게 말했다. "네가 내게 할 수 있는 것을 해보아라. 이 사악하고 기만적인 영혼아, 너는 하느님께서 나에게 허락하시는 것 이상은 아무것도 할 수 없다. 그래서 나는 하느님께서 내가 견디어내야만 한다고 정하신 모든 것을 참고 받아들인다는 것이 나에게는 행복 이상의 것이다." 교만한 마귀들은 이와 같이 확고부동한 용기를 견딜 수 없어 당황한 채 물러갔다.

4. 혼자서 평화로이 있을 때 은밀한 비밀 안에서 프란치스꼬는 가슴을 치며 주님과 가까이 얘기하면서, 숲을 자신의 한숨으로 메아리치

게 하였으며 자신의 눈물로 땅을 적시곤 하였다. 여기서 그는 심판자 앞에서 답변했으며, 여기서 그는 사랑하는 사람과 얘기했다. 또한 여기서 가끔 그를 지켜보고 있었던 수사들은 그가 죄인을 위해 하느님의 자비를 간청하며 마치 자기 눈앞에 보기라도 하는 듯이 그리스도의 수난에 대해 흐느끼면서 큰 소리로 울고 있는 소리를 들었다.

그가 밤에 두 손을 십자가 모양으로 뻗치고 기도할 때 가끔 땅에서 들어올려져 빛나는 구름으로 둘러싸인 것을 볼 수 있었다. 그의 몸을 둘러싼 광채는 그의 영혼에 넘쳐흐르는 기적적인 빛의 표시였다. 이와 같은 경우에 그리스도의 사랑이나 이웃의 유익을 위해서 필요할 때를 제외하고는 그가 아무것도 말하지 않았음에도, 감추어져 있는 하느님의 깊은 지혜가 그에게 계시되었다는 훌륭한 증거가 있다. 그는 이렇게 말하는 습관에 젖어 있었다. "가치 없는 대가를 구하려다 매우 귀중한 보화를 잃는 일이 종종 일어납니다. 한번 선물을 내리신 하느님은 또다시 그렇게 쉽게 주시도록 설복되지 않으실 것입니다."

그는 혼자서 기도하는 동안 거의 완전히 변모하게 되었는데 그렇게 얼마 동안을 보내다 다시 수사들과 합할 때면 그는 나머지 사람들과 똑같아 보이도록 이전보다 더욱 조심하곤 했다. 내부에 일어난 진보가 눈에 띌 경우 그가 받게 될지도 모를 존경 때문에 그것의 보상을 도둑당할 것이기 때문이다. 그가 다른 사람들과 함께 있을 때 주님의 방문을 갑자기 받게 될 경우 아무도 그의 신부新婦가 가까이 다가오는 것을 알지 못하도록 그는 항상 그들에게 숨기고자 애썼다. 수사들과 함께 기도하고 있을 때면 그는 깊은 호흡과 한숨이나 아니면 다른 어떠한 외적인 표시도 완전히 피했는데, 이는 그가 모든 것을 자신 안에 간직하고 싶어서이든가, 아니면 그가 그의 마음 깊숙이 내려가서 하느님의 생각에 빠져 있었기 때문일 것이다. 그는 종종 동료들에게 이처럼 말했다. "수도자는 기도중에 하느님께서 오시면 '주님, 당신은 비록 제가 죄인이고 부당함에도 불구하고 하늘로부터 이와 같은 위로를 보내셨습니다. 그래서 저는 제가 단지 당신의 보물을 훔친다는 것을 알고 있기 때문에 그것을 당신이 간직하시도록 맡깁니다'라고 말해야 하오. 기도시간을 마치고 나올 때 그와 같은 사람은 죄인과 같이 보여야 하며 마치 아무런 새로운 은혜를 못 받았다는 듯이 경멸할 만하게 보여야 합니다."

5. 한번은 프란치스꼬가 뽀르치웅꼴라에서 기도하고 있을 때 아씨시의 주교가 자신의 습관대로 그를 방문하러 왔다. 울타리에 들어서자마자 그는 성인이 기도하고 있는 방으로 곧장 갔다. 조금 지나치게 문을 두드리고는 막 들어가려 했다. 그러나 고개를 들이밀고 성인이 기도하고 있는 것을 본 순간 그는 사지가 뻣뻣해지고 말을 잊어버린 한편 경련적인 발작이 그를 사로잡았다. 그때 그는 힘차게 퉁겨나와 있던 길을 꽤 멀리까지 되돌아갔다. 그는 놀라 즉시 다른 수사들에게 가서 하느님이 그에게 말을 다시 할 수 있게 하였을 때 그는 즉시 자신의 잘못을 고백했다.

또 다른 때 페루지아 주교관구에 속한 산 쥬스띠노 수도원의 대수도원장이 그를 만나게 되자 그는 즉시 말에서 내려 그에게 존경심을 표하고 자신의 영성을 그와 의논하고자 했다. 그들은 얼마 동안 유쾌하게 대화를 나눈 후에 수도원장이 떠나면서 프란치스꼬에게 자기를 위해 기도해 줄 것을 겸손히 청했다. "즐거이 당신을 위해 기도해 드리죠"라고 성인은 대답했다. 수도원장이 가고 난 조금 뒤 프란치스꼬는 그에게 말했다. "잠시 기다리시오, 형제여! 내가 한 약속을 지키고 싶소." 성 프란치스꼬가 기도하자 그때 그 수도원장은 이전에는 결코 경험해보지 못했던 영혼의 따뜻함과 기쁨을 느꼈다. 마침내 그는 탈혼되어 하느님 안에서 완전히 자기 자신에게 벗어나 황홀경에 빠졌다. 그는 잠시동안 그와 같이 남아 있다가 제정신으로 되돌아왔을 때 프란치스꼬의 기도의 힘을 깨닫게 되었다. 그 후 그는 그 수도원에 대해 이전보다 더 큰 사랑을 지니게 되었으며 그 이야기를 기적이라고 많은 사람들에게 얘기했다.

6. 성 프란치스꼬는 성무일도를 깊은 존경심과 헌신으로써 읊는 데 익숙해져 있었다. 비록 눈, 위장, 비장과 간이 나빠 고통을 당했지만 시편을 읊는 동안에는 결코 벽이나 지탱할 것에 기대지 않았다. 그는 성무일도의 시간경을 바칠 때 그 기도를 줄이지 않고 똑바로 서서 모자를 벗고 눈은 조심스럽게 한 곳을 향하였다. 그는 여행중일 때는 멈추어 서곤 하였으며, 심지어 비가 내리는 경우에라도 결코 이 일을 포기하는 법이 없었다. 그는 말하곤 했다. "우리의 육체 – 어느 날엔가 우리가 먹는 음식과 똑같이 벌레의 먹이가 될 육체 – 가 평화 안에서 음식을 먹어야 한다면, 우리의 영혼은 생명의 음식인 영혼의 양식을 얻기 위해, 그 어떠한 평화와 고요를 누릴 수 없단 말이오?"

자신이 기도하려고 애쓰고 있을 때 자신의 마음이 방황하거나 헛된 상상으로 가득 차 있으면 그것은 깊은 죄라고 그는 간주하였다. 그러한 일이 일어날 때는 언제나 그것을 지체없이 고백하고 자신의 잘못에 대해 즉시 보속했다. 이러한 조심스런 주의가 그에게 습관이 되었다. 그래서 그는 이런 종류의 귀찮은 주의산만으로 고통당하는 일이 거의 없었다.

어느 해 사순절 동안 여가시간을 채우기 위해 접시 하나를 조각해서 시간을 온통 잃어버리지 않도록 했다. 그가 제3시경을 읊고 있을 때 그것이 그의 마음속에 들어와서 그를 조금 산란시켰다. 이에 그는 열정에 사로잡혀 그 접시를 불 속에 던지며 말했다. "나는 하느님께 이것을 희생의 제물로 바칩니다. 왜냐하면 이것이 그분의 희생을 방해했기 때문입니다." 그는 시편을 읽을 때 마치 하느님을 눈앞에서 볼 수 있기라도 한 것처럼 대단한 주의와 열정을 지니고 읊었다. 그리고 하느님의 이름이 시편에 나오면 그는 그분의 입술을 핥는 것처럼 보였으니, 그처럼 그것은 그에게 기쁨을 주었던 것이다.

그는 하느님의 이름이 자기 마음에 들어올 때든지 아니면 그것이 씌어 있는 것을 보든지, 말해지는 것을 듣든지 간에 하느님의 이름을 특별한 존경심을 지니고 공경하고자 열망했다. 한번은 그가 수사들에게 어떠한 종이조각이라도 땅에 널려 있는 것을 보게 되면 주워서 조심스럽게 치워야 한다고 명했는데, 이는 하느님의 이름이 우연히 그 위에 씌어 있을 경우 그것이 발아래 짓밟힐까 두려워한 때문이었다. 그는 "예수님"이란 말을 할 때나, 아니면 어떤 사람이 그것을 말하는 것을 들을 때면, 기쁨에 가득 찼으며 마치 갑자기 놀라운 어떤 것을 맛보거나 한 듯, 아니면 아름다운 화음의 한 가락을 들은 듯 완전히 변모되는 것같이 보였다.

7. 죽기 3년 전에 성 프란치스꼬는 그레치오에서 아기 예수의 성탄

을 가능한 한 가장 엄숙하게 기념하고자 했다. 그는 그 의식에 대해 혁신자라는 비난을 받지 않게 교황의 허락을 요청하여 얻었다. 그런 다음 그는 구유를 짚과, 소 한 마리, 나귀 한 마리와 함께 준비하도록 했다. 수사들은 모두 초대되었고 사람들도 무리로 모여왔다. 숲은 이들의 목소리로 메아리치고 그 밤은 무수히 빛나는 불빛으로 밝혀졌으며 한편 하느님을 찬미하는 아름다운 노래가 그 장엄함을 더해 주었다. 성인은 구유 앞에 서 있었으며 그의 마음은 부드러운 경건심으로 흘러 넘쳤다. 그는 눈물에 흠씬 젖었으나 기쁨으로 넘쳤다. 거기서 찬미사를 노래했으며 부제였던 프란치스꼬는 복음을 노래했다. 그리고 그는 온유한 사랑에서 베들레헴의 아기라고 자신이 부른 가난한 왕의 성탄에 관하여 사람들에게 설교하였다.

그레치오 사람으로 요한이라 불리며, 그리스도의 사랑을 위해서 세상에서 자기의 직업을 포기했으며, 성 프란치스꼬의 가까운 친구였던 한 기사는 구유에서 한 아름다운 아기가 잠들어 있는 것을 보았으며 성 프란치스꼬가 그를 양팔에 안아 깨우려 했다고 주장했다.

그 환시 자체가 가리키는 진실은 물론 이 완벽한 증언과 후에 일어난 기적들 모두가 그것이 사실이었음을 증명하였다. 프란치스꼬가 세상에 보인 모범은 믿음이 약한 사람들의 마음을 불러일으키게 하였고, 사람들이 간직한 구유의 짚은 후에 병든 동물들을 치료하였으며 여러 가지 역병을 몰아냈다. 이와 같이 하느님은 그의 종 프란치스꼬에게 영광을 주고자 원하셨으며 그의 기도의 효력을 분명한 징표로 증명해 주시길 원하셨던 것이다.

1. 성 프란치스꼬는 성경을 결코 공부한 적은 없었다. 그러나 지치지 않고 기도에 전념함과 덕을 끊임없이 실천한 것이 그의 영적 안목을 정화시켰으며, 따라서 그의 예리한 지성은 영원한 빛의 광휘에 가득 찼으며 성경의 깊은 뜻을 꿰뚫었다. 그의 뛰어난 재주는 그 신비들의 중심을 꿰뚫었으며 애정에 가득찬 사랑으로 신학자들이 그들의 지식으로도 들어갈 수 없는 영역으로 들어갔던 것이다. 일단 성경에서 무언가 읽고 그 의미를 이해하게 되면 그는 그것을 기억에 새겨 놓았다. 그가 한번 조심스럽게 뜻을 파악한 것은 무엇이나 계속해서 묵상하였다.

수사들이 그에게 수도원에 들어오려는 학식있는 사람들이 성경 연구를 계속하도록 허락할 것인지 물었을 때 그는 이렇게 대답했다. "공부보다 기도를 더욱 많이 하셨다는 그리스도의 모범을 따라 그들이 기도를 게을리하지 않는다면 상관하지 않겠소. 그들은 단지 말할 무언가를 얻기 위해 공부해서는 안 되오. 그들은 배운 것을 실천하기 위해서 공부해야만 하며, 또한 다른 사람들도 그와 같이 격려해야만 하오. 나는 나의 형제들이 복음의 참된 제자들이 되고, 우리 주님 스스로 하나의 구절 속에 결합시킨 두 가지, 즉 비둘기의 단순함과 뱀의 기지를 분리시키지 않고 단순함 안에서 성장할 수 있는 진리의 지식을 쌓아가길 바라오.”

2. 성 프란치스꼬는 시에나에서 신학자인 한 수도자로부터 어려운 질문을 많이 받았다. 그가 신적인 지혜의 비밀을 매우 명백히 설명하는 것을 보고 그 학자는 놀라 외쳤다. “그의 신학은 우리의 지식이 땅을 따라 기어다니고 있을 때 순결과 묵상의 날개로 마치 전속력으로 날고 있는 독수리처럼 높이 날고 있소.”

프란치스꼬는 경험이 많은 교사는 아니었으나 그렇다고 지식이 모자라는 것은 아니었다. 그래서 그는 의심스러운 문제들을 해결할 수 있었고 그것의 함축된 내용을 밝혀 보여주었다. 그가 성경을 이해하도록 하느님으로부터 지혜를 얻었다는 사실에는 아무런 이상할 것이 없다. 그리스도와 완전히 일치해서 그는 성경 속에 담겨 있는 진리를 실천했으며 또한 성령이 풍부히 스며듦으로써 마음에 그것의 저자를 품고 있었다.

3. 성 프란치스꼬는 미래를 예견하고 마음의 비밀을 읽을 수 있을 정도의 예언의 능력을 지니고 있었다. 그는 자기가 없을 때 무엇이 일어났는지 마치 그것이 현재인 것처럼 알 수 있었다. 그리고 그는 종종 멀리 있는 사람들에게 나타났다. 그리스도 군대가 다미에타를 포위하고 있을 때 그는 전쟁의 무기가 아닌 믿음의 무기를 지니고 함께 있었다. 이들이 공격을 준비하고 있다는 말을 들었을 때 그는 매우 걱정하며 동료에게 말했다. “만일 저들이 오늘 행동을 개시한다면,

그것은 그리스도인 쪽에게 나쁠 것이라고 하느님은 나에게 계시하셨소. 그러나 내가 그렇게 말하면 그들은 나를 바보라고 말할 것이오. 또한 내가 그 사실을 말하지 않으면 나의 양심이 나를 쉬게 하지 않을 것이오. 당신은 내가 어떻게 해야 된다고 생각하시오?" 그의 동료는 대답하였다. "형제여, 비난받는 것에 대해 염려하지 마시오. 당신이 바보라고 불리는 것이 처음은 아니지 않습니까? 당신의 양심에 순명하여 인간보다는 하느님을 더 생각하십시오." 이 소리를 듣고 성인은 일어서서 뛰어 그리스도 군대로 가서 전쟁에 참전하지 말 것과 그렇게 하면 전쟁에 질 것이라 충고를 전했다. 그의 예언은 진실하였으나, 그들은 그것을 가소롭게 여기고 되돌아가길 완강히 거절했다. 그들은 패하여 그 전쟁은 승리는커녕 치욕으로 끝났다. 이러한 참상이 그리스도인 사병에게 덮쳤으니 약 육천 명이 죽거나 포로로 잡혔다. 분명 한 거지의 지혜를 경멸해서는 안 되었던 것이다. 성경에서 우리가 보듯이 "높은 탑에서 망보는 일곱 경비원보다도 경건한 사람의 마음이 흔히 더 좋은 경고를 해준다"(집회 37,14).

4. 또 한번은 해외에서 돌아온 후, 성 프란치스꼬는 첼라노에 설교하러 갔는데 한 기사가 그에게 와서 함께 식사를 하자고 청했다. 그래서 그는 그 집으로 갔으며 전 가족은 그의 도착을 축하하려고 동료들과 함께 거기 모여 있었다. 그러나 그들이 앉기 전에 성 프란치스꼬는 그의 습관대로 하느님께 찬미를 드리며 눈을 하늘로 향한 채 거기에 서서 기도하였다. 기도를 끝마쳤을 때 그는 아량 많은 주인을 가만히 손짓하여 불러내서는 말했다. "형제여, 당신은 나에게 와서 식사를 함께 하자고 설득하였기에 나는 왔소. 그러나 이제 내가 당신께

말하는 바를 즉각 행하시오. 왜냐하면 당신은 이 세상에서가 아니라 다른 세계에서 먹게 되겠기 때문이오. 참된 통회로 당신의 모든 죄를 고하고 마음속에 말하지 않고 남겨두는 것이 없게 하시오. 하느님은 당신이 가난한 이에게 이와 같이 따뜻한 환영을 하여준 데 대해 오늘 당신에게 보답하시려는 것입니다." 그 기사는 그의 충고를 받아들여 프란치스꼬의 동료에게 자신의 모든 죄를 고백하고 자기의 일을 질서 있게 정리하였으며 죽음을 대비해서 자신이 할 수 있는 것을 다했다. 드디어 사람들이 식탁에 앉아 막 식사를 시작하려고 할 때 그 집 주인은 성인이 예견한 대로 갑자기 죽어버렸다. 이는 환대를 베푼 그의 친절에 대한 보답으로서 예언자가 받을 상을 받은 것이다. 왜냐하면 우리가 복음에서 보듯이 그는 한 예언사를 예언자로 맞아들였기 때문이었다(마태 10,41 참조). 성인의 예언으로 경고를 받고 그 기사는 갑작스런 죽음을 준비하였으며, 회개의 무기로 무장함으로써 그는 영원한 벌을 피하고 영원한 숙소에 받아들여지게 되었다.

5. 성인이 리에띠에서 아파 누워 있을 때 기드온이라고 하는 절제 없는 생활을 하는 세속적인 한 성직자가 심하게 병이 들어 드러눕게 되었다. 그는 자기 몸을 이끌고 성인 앞에 와서 함께 온 사람들과 더불어 십자가의 표시로 자신을 축복해 줄 것을 눈물로 간청하였다. 그러나 성인은 이렇게 대답하였다. "어떻게 당신에게 십자가를 그을 수 있겠소. 당신은 수년 동안 하느님의 심판에 대해 전혀 생각지 않고 정욕에 빠져 있었지 않소. 그러나 나는 하느님 이름으로 당신에게 십자가를 긋겠소. 왜냐하면 당신의 친구들이 나에게 간청하기 때문이오. 그러나 명심하시오. 만일, 당신이 한번 치유를 받고도 다

시 옛 생활로 되돌아간다면 당신은 앞으로 더욱 고통받을 나쁜 일이 일어날 것이오. 배은망덕의 죄는 항상 사람을 이전보다 더욱 나쁘게 만드는 것이오." 그가 십자가를 긋는 순간 그 환자는 회복되어 침대에서 일어나, "나는 구원되었다"라는 말과 함께 하느님을 찬미하였다. 그 곁에 섰던 자들은 그의 뼈가 마치 건조한 지푸라기가 부서지는 듯이 우지끈 부서지는 소리를 내는 것을 들었다. 그러나, 잠시 후에 그는 다시 하느님을 잊어버리고 자신의 육체를 다시 불륜한 행위에다 넘겨주었다. 그 후 어느 날 밤 그가 동료의 집에서 식사를 하고 난 후 잠자리에 들었을 때 그 집의 지붕이 그들 모두 위에 내려앉았다. 다른 이들은 도망쳤으나 그는 하느님의 정당한 징벌로 갇혀 죽었다. 그래서 그 사람의 최후의 처지는 처음보다 더 나빴던 것이다. 그는 스스로 감사할 줄 모르는 꼴을 드러내 보였으며 그가 용서받은 데 대해 감사할 줄 모르는 꼴을 드러내 보였으며 그가 용서받은 데 대해 감사해야 했을 때에 하느님께 등을 돌렸던 것이다. 거듭 범하는 죄는 이중으로 죄를 범하는 것이다.

6. 한번은 대단히 신앙심이 깊은 한 귀족 부인이 성 프란치스꼬에게 자신의 문제거리를 말하고 도움을 구하려고 왔다. 그녀의 남편은 그녀에게 잔인하게 대하고 그녀가 그리스도 섬기는 것을 막으려고 애쓰고 있어서, 그녀는 하느님께서 선하심으로 남편의 마음을 움직일 수 있도록 그를 위해 기도해 달라고 성인에게 간청했다. 프란치스꼬는 그녀의 얘기를 듣고 말했다. "평화 안에서 가시오. 가까운 장래에 당신의 남편이 당신에게 위안이 되리라는 것을 믿어도 좋소." 그러고는 덧붙여 말하였다. "하느님께로부터, 또 나에게로부터 나온

이 말을 남편에게 전하시오. 즉 지금은 자비의 때이나 곧 응보의 날이 따를 것이라고." 그가 그녀에게 축복을 주자 그녀는 떠나가 남편에게 와서 그 말을 전했다. 바로 그때 거기에 성령이 그에게 내려와, 그는 새 사람이 되어 점잖게 "우리 함께 하느님을 섬기며 우리의 영혼을 구합시다"라고 대답하였다. 아내의 제안에 따라 그들은 수년 동안 극기의 생활을 하다가 같은 날 함께 죽었다.

성 프란치스꼬의 초자연적인 선물은 확실히 비범한 것이었다. 그 초자연적 선물은 그로 하여금 절름발이에게 생명을 줄 수 있게 하였고, 굳어버린 마음을 회개로 이끌 수 있게 하는 한편, 놀랍고 명석한 영혼으로 그는 미래를 볼 수 있었으며, 다른 사람들의 양심의 비밀을 읽을 수 있었다. 마치 엘리사처럼 그는 예언자 엘리야의 영의 두 배 몫을 받은 것이다.

7. 한번은 성 프란치스꼬가 시에나에서 한 친구에게 그가 마지막에 어떻게 될 것이라는 것을 얘기해 주었는데, 성인에게 성경을 설명해 달라고 청했던 그 신학자가 그것에 대해 듣게 되었다. 그는 성인에게 가서 이 사람이 주장하는 것을 그가 정말 말했는가라고 물었다. 프란치스꼬는 자신이 그것을 말했다는 것을 인정할 뿐만 아니라, 그 신학자가 다른 사람에 관해서 대단히 알고 싶어했듯, 그가 끝에 가서 어떻게 되리라는 것도 성인은 예언했다. 그리고 더욱더 그를 확신시키기 위해 그는 아무에게도 드러내지 않았던 그 사람의 양심상에 있는 한 가책되는 일을 말하고는 그것을 건전한 충고로써 고쳐주었다. 프란치스꼬의 예언의 진실성을 증거하고도 남듯이, 문제의 그 신학자는 그가 예언한 대로 결국 죽었다.

8. 해외에서 고국으로 돌아가는 길에 그는 아씨시의 레오나르도 형제와 함께 가고 있었다. 동료는 걸어가는 반면에 그는 피로하고 지쳐서 그 자신은 여행길에 어느 만큼의 거리는 나귀를 타고 갔다. 레오나르도 형제도 역시 매우 피곤하여 인간의 나약함에 빠져 혼자서 불평하기 시작했다. "나의 가문은 그보다 훨씬 나은데, 그는 말을 타고 가고 나는 걸어가면서 그의 나귀를 끌고 가야 하다니." 이러한 생각이 그의 마음에 떠올랐을 때 성인은 갑자기 나귀에서 뛰어내려 외쳤다. "형제여, 당신은 걸어가는데 나 혼자만 타고 간다는 것은 공평하지 못합니다. 당신은 세상에서 출생에서나 지위에서나 나보다 높았습니다." 이에 레오나르도 형제는 놀라고 당황해서 어쩔 줄을 몰랐다. 그는 꼬리가 잡혔다는 것을 깨닫고 프란치스꼬의 발아래 꿇어앉아 눈물로 자기의 잘못을 고백하고는 그의 용서를 간청했다.

9. 훌륭한 수도자이며 성 프란치스꼬에게 대단히 헌신적인 또 다른 수사는 성인의 절친한 애정을 누리는 사람은 하느님의 사랑을 누릴 수 있고, 그의 우정을 받지 못하는 사람은 하느님께 거절당하리라는 생각을 갖고 있었다. 그는 이러한 생각에 사로잡혀 괴로움을 당하고 있었다. 그는 성인과 가깝게 지내길 갈망했으나 아무에게도 자신의 마음을 털어놓지 않았다. 그 후 어느 날 프란치스꼬는 그에게 애정의 온갖 표시를 보내며 그를 오라고 초대하고는 이렇게 말했다. "이러한 생각들이 당신을 방해하도록 내버려두지 마시오. 당신은 나의 각별한 친구들 가운데 내가 가장 좋아하는 사람이오. 나는 내가 할 수 있는 한 모든 사랑과 우정을 당신께 보여주는 것이 오직 너무도 기쁠 따름이오." 그 수사는 놀랐으며 이전보다 더욱 성인을 따르게

되었다. 그가 프란치스꼬의 사랑 안에서 성장함에 따라 성령의 은총에 의해 그는 더욱 많은 재능을 풍부히 받았다.

성 프란치스꼬가 라 베르나 산상에 있는 그의 은둔소에서 지내고 있었을 때 그의 동료들 중 한 사람은 성인이 손수 쓴 성경 몇 구절을 지니고 싶어했다. 그는 영혼의 격렬한 유혹에 휩쓸리고 있었는데, 그는 그것이 이 유혹을 끝나게 하든지, 아니면 적어도 견디기에 더 쉽게 만드리라고 확신하고 있었다. 그는 온통 안절부절못하며 그 갈망으로 지쳤으나, 너무도 수줍어서 자기가 원하는 바를 성인에게 말하기를 두려워하고 있었다. 그러나 프란치스꼬는 자기의 동료가 무엇을 자기에게 말하기를 두려워하고 있는가를 성령으로부터 알고서, 그에게 펜과 종이를 가져오라고 했다. 그런 후 그는 하느님을 찬미하는 몇 구절을 손수 쓰고 덧붙여 그 수사를 위해 축복을 보태고는 말하였다. "이 종이를 가지고 가서 당신이 살아 있는 동안 조심스럽게 이를 간직하시오." 그 수사는 자기가 그렇게도 몹시 원하던 선물을 받았던 거이다. 그러자 그의 유혹은 즉시 사라졌다. 성인의 필적을 담은 그 종이는 그 후로도 간직되었으며 기적을 일으켰고 성 프란치스꼬의 놀라운 힘을 입증하였다.

10. 또한 모든 면에 있어서 매우 거룩한 사람이며, 모범적인 생활을 하는 다른 한 수사가 있었다. 그러나 그는 독단적인 사람이었다. 그는 모든 시간을 기도하며 보내고 너무도 신중히 침묵을 지켜 고백도 말로써가 아니라 표시로 항상 하였다. 성 프란치스꼬가 한번은 그 수도원에 우연히 오게 되어 이 수사를 보고는 그에 대해 다른 사람들과 말했다. 그들은 모두 그를 칭찬할 뿐이었다. 성인은 말했다.

"친애하는 형제들, 그를 그처럼 칭찬하지들 마시오. 그것은 악마의 속임수요. 당신들은 그것이 악마의 유혹, 마귀의 간교라는 것을 틀림없이 알게 될 것이오." 수사들은 그의 말을 심각하게 받아들이지 않았다. 그들은 그렇게도 분명히 거룩함이 나타나 있는 것이 배반적인 속임수를 가장할 수는 결코 없다고 확신하고 있었다. 그러나 며칠 뒤 그 수사는 수도원을 버리게 되었으니, 성인이 그의 마음의 비밀을 꿰뚫어 보았던 통찰력은 분명하게 드러나게 되었다.

같은 방법으로 프란치스꼬는 확고히 서 있는 것처럼 보이는 사람이 넘어지는 것과, 악에 깊이 빠져 있는 것처럼 보이는 다른 사람들이 회개하여 돌아올 것이란 것을 자주 정확히 예언했다. 그는 마치 눈앞에 보이는 듯이 멀리 떨어진 곳에서 일어나는 일을 보는 기적적인 광휘로써 영원한 빛의 근원으로 접근할 수 있었던 것 같다.

11. 성 프란치스꼬는 어느 날 자기의 대리자가 총회를 주관하고 있을 때 자기 방에서 기도하며 수사들을 위해 하느님 앞에서 중재하고 있었다. 거기서 한 수사가 어떤 핑계를 들어 순명하지 않았는데 프란치스꼬는 영적으로 그것을 알게 되었다. 그는 그 무리 중의 한 사람을 불러 말했다. "형제여, 나는 그 수사의 등에 붙어서 그의 목을 꽉 잡고 있는 마귀를 보았소. 그와 같이 사악한 영이 작용하고 있으니 그가 순명하여 보호받지 않으려 하고 자기 자신의 기분대로 하는 것도 놀라운 일이 아니오. 그러나 내가 하느님께 그를 위해 기도한 순간 마귀는 당황해서 떨어져 나갔소. 자, 이제 그 수사에게 가서 즉시 순명하라고 말하시오." 그 수사가 그 전갈을 듣고는 즉시 회개하고 그 대리자의 발아래 자신을 겸손히 던졌다.

12. 다른 때에 두 수사가 오랫동안 갈망했던 것, 즉 성인을 보고 그의 축복을 받으려고 그레치오로 긴 여행을 하고 있었다. 그들이 도착했을 때 그는 보이지 않았다. 그는 이미 수도원을 떠나 자기 개인 방으로 가버린 뒤였다. 그래서 그들은 떠날 때 대단히 실망했다. 그러나 그들이 길을 따라 내려갔을 때, 성인은 예기치 못하게 자기 방에서 나와서 그들 등 뒤에서 그들을 불렀다. 그들이 도착했던 것과 떠났다는 얘기를 그는 그 누구에게로부터 들었을 리 만무했을 것이다. 그러나 그는 그들이 원하던 대로 그리스도의 이름으로 십자가를 그으며 그들을 축복해 주었다.

13. 한번은 떼라 디 라보르 출신의 두 수사가 성 프란치스꼬를 만나러 왔다. 그들 중 나이 많은 사람은 그의 동료에게 나쁜 표양을 보여주었다. 그래서 그들이 성인을 만났을 때, 성인은 나이 어린 수사에게 그의 동료가 오는 중에 어떻게 행동했는지에 대해서 물었다. 그 수사는 그가 "꽤 잘했습니다"라고 대답했다. 그러나 프란치스꼬는 그에게 "형제여, 순명을 구실삼아 거짓말을 하지 않도록 조심하시오. 나는 그가 어떻게 행동했는지 잘 알고 있소. 그러나 기다리고 지켜보시오"라고 말했다. 그 수사는 프란치스꼬가 그렇게 멀리 떨어져 있는 곳에서 일어난 일을 영으로 알고 있는 것에 놀랐다. 며칠 후에 나쁘게 행동했던 그 수사는 수도원을 버리고 떠나갔다. 그는 성인의 용서를 빌지 않았고 행동거지를 바로 고치기를 거절했다. 이 하나의 사건은 두 가지 일을 명백히 시사한 것이었다. 즉 하느님 심판의 공정함과 꿰뚫어볼 수 있는 예언하는 영의 능력이다.

14. 하느님의 능력으로 프란치스꼬가 함께 있지 않는 사람에게 사람의 형태로 나타났다는 사실은 앞 장에서 서술한 내용으로 확실히 증명되었다. 이것은 그가 불마차의 모습으로 수사들에게, 또 십자가의 모양으로 알레스 총회에 어떻게 나타났던가를 다시 생각해 보는 것으로 충분하다. 이것이 섭리의 특별한 뜻으로 나타난 것이란 사실에 대해서는 의심의 여지가 없다. 사람의 모양으로 그가 기적적으로 나타난 것은 그의 영혼이 얼마나 영원한 지혜의 빛에 가까이 있고 화응하는가를 보여주기 위한 것이었다. "지혜는 모든 움직임보다 더 빠르며 순결한 나머지 모든 것을 통찰한다. 모든 세대를 통하여 거룩한 사람들의 마음속에 들어가서 그들을 하느님의 벗이 되게 하고 예언자가 되게 한다"(지혜 7,24.27)란 말씀처럼 탁월한 스승이신 하느님은 대개 당신의 신비를 단순한 사람들에게, 가난하고 멸시당하는 사람들에게 드러내 보이신다. 우리는 이 사실을 무엇보다도 가장 위대한 예언자였던 다윗의 경우에서, 그다음엔 열두 제자들의 왕자인 성 베드로에게서 볼 수 있다. 그리고 지금 우리는 이를 그리스도의 가난한 거지인 프란치스꼬의 경우에서 다시 한번 보는 것이다. 이들은 배운 것 없는 단순한 사람들이었으나, 그러나 이들은 성령의 인도하에서 명성을 얻었던 것이다. 다윗은 목동이었으나 회당의 지도자가 되도록 뽑혔으며 하느님이 이집트로부터 구해낸 백성을 다스리게 되었다. 베드로는 어부였으나 교회인 그물에 많은 신자들을 채우도록 뽑혔다. 프란치스꼬는 상인이었으나 그리스도를 위해 가진 것을 모두 팔아 복음 생활인 진주를 사게 정해져 있었다.

12 설교의 효력 ─ 병을 낫게 하는 능력

1. 그리스도의 성실한 종이며 하인인 프란치스꼬는 언제나 예수님께 대한 완전한 충성심을 지니고 행동하기를 갈망하였으며, 성령의 영감에 의해 하느님께서 가장 크세 기뻐하신다는 걸 알고 있는 그러한 덕을 닦기에 특히 온 힘을 다했다.

한번 그는 심각한 의혹에 빠지게 되었다. 잠시 후에 기도하고 있던 곳에서 돌아와서는 그는 이 문제를 해결하기 위해 이를 가장 가까운 형제들에게 털어놓았다. "형제들이여, 당신들은 이를 어떻게 생각하시오? 어느 것이 더 좋다고 생각하는 거요? 즉, 내가 나의 모든 시간을 기도하는 데 더 전념해야겠소? 아니면 돌아다니며 설교를 해야겠소? 나는 보잘것없고 가치없는 수도자요. 나는 교육도 못 받았고 설교하는 것도 능숙하지 못하오. 그리고 나는 설교하는 재능보다 기도하는 재능을 선물로 받았소. 뿐만 아니라 설교는 하늘로부터 받은 선물을 나눠 받는 것에 불과하지만, 기도는 공로와 많은 특별한 은총을 얻게 하는 것이오. 기도는 덕을 늘어나게 하는 한편, 마음의 욕망들을 정결하게 하는 데 도와주고 인간을 유일하시며 진실하시고 최고이신 선하신 분과 일치시켜 주는 것이오. 설교를 한다는 것은 영혼에 먼지가 들어가게 하고, 수도자의 수양에 많은 주의산만과 해이함을 가져다주는 것이오. 기도 안에서 우리는 하느님께 얘기하고 그분의 말씀을 들으며 그리고 천사들을 우리의 동료로 삼아 천사들과 맞먹는 가치있는 생활을 하오. 그 반면 설교할 때는 우리는 인간의 지위로까지 내려와서 인간사에 관해서 생각하고, 보고, 듣고, 말하면서, 그들 중 한 사람으로서 그들 가운데서 생활하게 되는 것이오. 그러나 반면에 하느님의 눈에 다른 모든 것보다 더 중요하게 여겨지는 한 문제가 있으니, 그것은 바로 이것이오. 즉 지혜 그 자체이신 하느님의 외아들이 영혼을 구하기 위해 성부의 품을 떠나 내려오셨다는 사실이오. 그분은 당신 자신의 모범을 보여줌으로써 세상을 가르치시길 원하셨으며, 당신의 피로써 그들을 깨끗이 씻겨 주시고 또 당신의 피를 맛보게 하심으로 그들을 떠받쳐 주시고자, 당신의 귀한 피의 대가로 구원한 사람들에게 구원의 메시지를 가져다주시길 원하셨소. 그분은 자신을 위해서는 아무것도 남겨두시지 않고 우리의 구원을 위해서 모든 것을 너그럽게 내놓으셨소. 우리는 그분이 산 위에서 보여주는 것처럼 우리 앞에서 세우신 모범을 따라 항상 행동해야만 하는 것이오. 그래서 내가 묵상의 고요함을 포기하고 나가서 일하는 것이 하느님의 뜻과 더욱 일치되는 것같이 여겨지는 것이오." 그는 이 문제를 여러 날 수사들과 의논했으나 그리스도를 더욱 즐겁게 하는 것으로서 어느 쪽 행동노선을 취해야 할지 결정을 내릴 수가 없었다. 예언의 영은 그로 하여금 가장 깊은 비밀까지 꿰뚫게 했었으나, 그 자신의 어려운 문제는 만족스럽게 해결할 수가 없었다. 이것은 하느님께서 원하시는 방법이었으니, 이는 프란치스꼬가 겸손한 채 남아 있게 하고, 설교의 가치를 하늘로부터의 계시에 의해서 증거되게 하기 위해서였다.

2. 프란치스꼬는 모든 이의 스승이신 분으로부터 깊은 비밀들을 배웠다. 그러나 그는 진정한 작은 형제여서 자기보다 학식이 많지 않은 사람들에게 충고를 구하기를 부끄러워하지 않았다. 그는 항상 어떻게 하면, 혹은 무슨 방법으로 하느님께 당신의 뜻에 따라 더욱 완전히 봉사할 수 있는지 알고 싶어했다. 완덕의 극치에 닿는 가장 영웅적인 방법으로서, 모든 사람들 - 유식하든 무식하든, 젊었든 늙었든 간에 - 에게 묻는 것이 살아 있는 한 그의 가장 큰 갈망이었으며 그의 철학의 종합이었던 것이다.

그는 수사 두 사람을 뽑아 그들을 실베스테르 형제에게 보냈다. 실베스테르는 전에 그의 입에서 십자가가 나오는 것을 보았던 사람으로 아씨시 위에 있는 산에서 모든 시간을 기도에 바치고 있었다. 그들은 그에게 프란치스꼬가 고심하는 문제를 하느님께서 해결해 주실 것을 간청해 달라고 한 것이며, 또 그 대답을 하느님의 이름으로 그에게 보내 달라는 말을 하려고 한 것이다. 그는 똑같은 전갈을 성녀 글라라에게 보내어 그녀가 자매들과 함께 기도하여 그녀 밑에서 생활하는 자매들의 지고한 거룩함과 지고한 단순함에 의하여 하느님의 뜻을 알아내도록 해 달라고 말하였다. 성령의 영감에 의해 실베스테르 형제와 성녀 글라라는 둘 다 같은 결론에 이르렀다. 프란치스꼬가 그리스도의 사자使者로서 설교하기 위하여 나가야 한다는 것이 바로 하느님의 뜻이었다.

수사들이 돌아와서 성인에게 자기들이 알게 된 대로 하느님의 뜻을 전하였을 때, 그는 지체하지 않고 즉시 출발했다. 그는 하느님의 명령에 순명하고자 하는 열망을 지니고 떠났으며, 너무도 재빨리 여행하였기에 하느님의 손길이 그에게 닿아져 하늘에서 새로운 힘을 주는 것같이 보였다.

3. 베바냐 근처에 있을 때 그는 여러 종류의 새가 큰 무리를 짓고 있는 곳에 오게 되었다. 새들을 본 순간 성인은 그들에게 달려가 마치 그들이 알아듣기라도 하는 양 인사했다. 그러자 모든 새들이 그를 향하여 돌아서서 그를 기다렸다. 그 숲속에서 회를 치고 있었던 새들은 그가 가까이 갔을 때, 고개를 숙이고 아주 특이한 방법으로 그를 바라다보았다 .그는 곧장 그들에게로 가서 그들 모두에게, "나의 형제들이여, 당신들은 당신들의 창조주를 찬미할 크나큰 의무가 있습니다. 그분은 여러분을 깃털로 옷입혀 주시고, 날 수 있는 날개를 주셨으며, 여러분의 보금자리에 깨끗한 공기를 마련해 주셨습니다. 여러분들이 힘들지 않도록 돌보아주십니다"라고 말하며 하느님의 말씀을 들으라고 호소했다. 그가 이렇게 그들에게 애기를 계속하고 있을 때, 새들은 자기들의 기쁨을 놀라운 모양으로 나타내 보였다. 그들은 부리를 벌리고 그를 빤히 쳐다보면서 목을 쭉 펴고 날개짓을 했다. 영적인 열정 속에서 프란치스꼬는 자신의 수도복으로 그들을 스치며 그들 가운데로 걸어 들어갔다. 그리고 그가 십자가를 긋고 그들에게 가라는 허락을 줄 때까지 한 마리도 움직이지 않았다. 그 후 그들은 그의 축복을 지니고 모두 멀리 날아갔다. 길에서 기다리고 있던 동료들은 이 모든 것을 보았다. 성인은 순수하고 단순한 마음으로 동료들에게로 돌아와서 이전에 새들에게 한번도 설교하지 않았던 자신의 태만을 자책하기 시작했다.

4. 여행을 계속하면서 프란치스꼬는 근처에 있는 마을에서 설교하였으며, 이윽고 그는 알비아노에 다다르게 되었다. 여기에서 그는 모든 사람을 불러들이고는 조용히 하라고 청했다. 그러나 그의 목소리는 거기에서 서식하며 시끄럽게 떠드는 제비들의 소리 때문에 거의 들리지 않았다. 그는 전 군중이 듣는 가운데 새들에게 말했다. "자매들이여, 지금은 내가 말할 차례요. 그대들은 이미 충분히 말했소. 그러니 하느님의 말씀을 들으며 설교가 끝날 때까지 조용히 하시오." 그러자 즉시 새들은 알아듣기라도 한 듯 침묵하였으며 설교가 다 끝날 때까지 움직이지 않았다. 이를 본 사람들은 놀라 하느님께 영광을 드렸다. 이 기적의 이야기는 멀리 널리 퍼져서 사람들은 성인에게 큰 존경심을 갖게 되었으며, 감화를 받아 더 큰 신앙심을 갖게 되었다.

5. 예를 들면 파르마에서 여러 사람들과 함께 열심히 공부하고 있던 한 학생은 제비 한 마리가 시끄럽게 지저귀는 통에 시달리고 있었다. 그래서 그는 동료들에게 "이놈은 성인이 전에 설교하실 때에 그분을 방해하여 마침내 조용하라고 주의를 받았던 새들 중의 한 마리임에 틀림없을 거요"라고 말했다. 그런 후 그는 그 제비를 향해서 믿음에 차서 명령했다. "하느님의 종 프란치스꼬의 이름으로 나는 네게 명하노니, 나에게로 와서 조용히 하라." 프란치스꼬의 이름을 듣는 순간 그 새는 마치 그에게서 조용하라는 가르침을 받은 양 조용해져서 그 학생의 손이 마치 안전한 피난처인 듯 그 손안에 날아들었다. 그 학생은 놀라 즉시 그 새를 날아가게 했다. 그 후 그는 다시 그 새가 우는 것을 듣지 못했다.

6. 프란치스꼬가 가에타 해변에서 설교할 때 군중들은 그를 만져보려고 그에게 몰려와 밀어닥쳤다. 그는 그러한 군중의 열정에 두려움을 느껴 해변가에 끌어올려 놓은 작은 배 안으로 뛰어들었다. 그런데 그 배는 노도 없는데 마치 어떤 지혜로운 힘에 이끌리는 것같이 사람들이 놀라 쳐다보는 가운데 해변가에서 저절로 움직여 갔다. 어느 정도 밀려 나와서 프란치스꼬가 해변에 모인 군중들에게 설교를 할 때 배는 움직이지 않고 거기에 멈추어 섰다. 그의 설교도 끝났고 군중들은 그의 기적을 보았고 그의 축복을 받고 떠나 더 이상 그를 괴롭힐 수 없었을 때, 그 배는 다시 저절로 되돌아와 정박했다.

성 프란치스꼬의 가르침을 듣지 않으려 한다면 그런 사람은 참으로 외고집장이요 완고한 사람임에 틀림없을 것이다. 심지어 말 못하는 피조물까지도 그의 기적적인 힘에 복종하며, 생명이 없는 물체도 마치 생명이 있는 듯 그가 설교할 때면 그를 도와주었던 것이다.

7. 하느님의 힘이신 그리스도, 하느님의 영이 기름부은 분으로 하느님의 지혜이신 그리스도(1고린 1,24)는 그의 종 프란치스꼬가 하는 모든 일에 있어서 늘 그와 함께 하시면서 그가 선한 율법을 연설할 때면 그에게 능변을 빌려주시고 기적의 놀라운 힘으로써 그를 영광스럽게 해주셨다. 프란치스꼬의 말은 마음의 깊숙한 곳을 꿰뚫고 타오르는 불꽃과 같았으며 듣는 이의 마음을 놀라움으로 가득 채웠다. 그의 말은 어떠한 문학적 기교를 주장하지 않았으나 하느님의 영감의 결과라는 것을 전적으로 가리켜주는 말이었다.

한번은 그가 교황과 추기경들 앞에서 설교하게 되어, 오스띠아 주교의 제안에 따라 그는 아주 조심스럽게 준비한 설교를 외어두었다.

그러나 그가 가르칠 메시지를 전하고자 그들 앞에 섰을 때 그의 마음은 멍해져 한마디도 기억할 수 없었다. 그는 그들에게 매우 겸손히 일어난 일을 말씀드리고 성령의 도움을 간청했다. 그러자 그의 혀가 풀리어 너무도 능숙히 말하여서 그는 높은 청객들의 마음을 감동시켜 참된 회개를 하게 했다. 따라서 말한 이는 그가 아니라 하느님의 영임이 분명했다.

8. 프란치스꼬는 남에게 설교하는 것을 먼저 자기 자신의 생활에서 실지 행함으로써 그것의 진실성을 확신하고 있었다. 그래서 그는 비난을 받을까 하는 두려움 없이 그 진실을 자신있게 선언했다. 그는 악을 발견하게 되는 곳에서는 어디서나 그것을 공격하였으며 그것을 참작해 주고자 애쓰는 일이 없었다. 그는 죄의 생활은 드러내놓고 질책하였으며 어떠한 지지도 하지 않았다. 그는 나이 어린 사람에게든 나이 많은 사람에게든 한결같은 솔직성을 갖고 말했다. 또 큰 군중 앞에서만큼, 몇 사람이 모인 앞에서 설교하는 것도 똑같이 기뻐했다. "주께서는 그와 함께 일하셨으며 여러 가지 기적을 행하게 하심으로써 그가 전한 말씀이 참되다는 것을 증명"(마르 16,20)해 주시는 가운데 프란치스꼬가 설교하면서 이곳저곳으로 옮겨다닐 때, 남녀노소를 불문하고 모두가 하느님에 의해 세상에 보내진 이 새로운 설교자를 보고 들으려고 떼지어 모여들었다. 진리의 사신인 프란치스꼬는 하느님 이름의 능력으로 마귀를 쫓아내고 병든 사람들을 치료하였다. 영향력 있는 설교자로서 그는 딱딱하게 되어버렸던 사람들의 마음을 감동시켜 회개하게 하고 – 이것이 더욱 큰 것이다 – 그리고 육체와 영혼의 건강을 회복시켜 주었다. 우리들은 그가

이루었고 또 이제 이야기해 나가는 동안 설명할 기적들 중 몇몇에서 이것을 알 수 있다.

9. 토스카넬라에서 성인은 날 때부터 다리를 저는 외아들을 위해 간곡히 간청하는 한 기사로부터 환대를 받고 따뜻하게 영접을 받았다. 프란치스꼬는 그 아이 위에 손을 얹고 축복하고는 즉시 고쳐주었다. 그래서 그들이 보고 있는 동안에 힘이 이미 그의 몸 전체에 생겼다. 그 소년은 완전히 치유되었으며 원기를 회복했다. 그는 거기서 일어서서는 "걷기도 하고 껑충껑충 뛰기도 하며 하느님을 찬양하였다"(사도 3,8).

나르니 주교의 청에 의해 프란치스꼬는 팔다리를 쓰지 못하는 한 마비된 사람 위에 머리끝에서 발끝까지 십자가를 그었다. 그러자 그는 완전한 건강을 회복하였다.

리에띠 교구에 몸이 너무도 불어서 자기 발을 4년 동안이나 볼 수 없었던 한 소년이 있었다. 그의 어머니는 그를 성 프란치스꼬에게 눈물을 흘리며 데려왔다. 성인이 두 손을 그에게 얹는 순간 그 소년은 나았다.

오르테에 한 불구 소년이 있었다. 그의 머리는 발쪽으로 굽어져 있었고 뼈가 몇 개 부러져 있었다. 프란치스꼬가 그의 부모의 요청으로 그에게 십자가를 긋자 그는 즉시 다 나아서 똑바로 설 수 있었다.

10. 굽비오에 양손이 말라비틀어져 그 손으로는 아무것도 할 수 없는 한 여인이 있었는데 프란치스꼬가 그녀에게 하느님의 이름으로 성호를 긋자 그녀는 즉시 나았다. 그 자리에서 당장 그녀는 집으로

돌아가 그녀 자신의 손으로 그의 가난한 사람들을 위해 음식을 장만하였다. 마치 복음에 나오는 성 베드로의 장모처럼.

베바냐라는 마을에 눈먼 한 소녀가 있었는데 성인이 그녀의 눈에 복된 삼위일체의 이름으로 세 번 침을 바르자 그녀는 시력을 회복하였다.

나르니의 한 여인은 그가 성호를 그었을 때 시력을 회복하였다.

볼로냐에 한쪽 눈속에 나쁜 무엇이 자라나 눈을 덮어 그 눈으로는 아무것도 볼 수 없었던 한 소년이 살았는데 그를 위해 아무런 방법이 없었다. 성 프란치스꼬가 그의 머리에서부터 발까지 성호를 긋자 그는 완전히 시력을 회복해서, 후에 작은 형제회에 들어왔을 때 그는 낫게 된 눈이 그전에 항상 건강했던 다른 쪽 눈보다 훨씬 더 잘 볼 수 있다고 늘 말하곤 했다.

사 제미니에서 성 프란치스꼬는 아내가 악령에 시달리고 있는 한 남자의 환대를 받았다. 성인은 기도하고 난 뒤, 그 마귀에게 순명으로 그녀에게서 나가라고 명령하였다. 하느님의 힘으로 그 마귀는 급히 쫓겨나게 되었기에, 마귀의 완고한 오만은 순명의 힘에 항거할 수 없다는 것이 확실히 증명되었다.

치따 디 까스뗄로에 한 여인을 심하게 괴롭히고 있던 악령이 있었는데 성 프란치스꼬가 순명으로 그에게 명령하였을 때 그 마귀는 화가 나서 떠나버렸다. 그 마귀는 그 육신과 영혼을 마음대로 다루었던 그녀를 떠나갔던 것이다.

11. 수사들 중 한 사람은 많은 사람들이 그것은 육체의 병이 아니고 마귀가 든 때문이라고 믿는 한 지독한 고통을 당하고 있었다. 그

것은 그를 자주 거세게 공격하여 그의 사지를 움츠러들게 했다가는, 또 뻗치게 하고, 뒤틀리게 하고, 휘게 하고, 또 때때로는 뻣뻣하게 하고, 굽힐 수 없게 하는 한편, 입에서는 거품을 내고 땅에 구르게 하였다. 때로는 몸 전체를 꼿꼿이 뻗친 채 땅 위에서 들어올려 그의 발을 머리 높이까지 올라오게 했다. 그러고는 그의 몸은 갑자기 땅에 다시 떨어졌다. 프란치스꼬는 불치의 병을 앓고 있는 그에게 연민의 정으로 가득 차 자기가 먹고 있던 빵을 조금 그에게 보냈다. 그 빵을 맛보자마자 그 수사는 매우 몸이 나아져 다시는 병으로 고생하는 일이 없었다.

아레쪼 지역에 산고로 많은 날을 괴로워한 여자가 있었는데 그녀는 죽음의 문턱에 있었다. 그래서 그녀에겐 살 희망이 없고 단지 하느님만이 그녀를 구할 수 있었다. 성 프란치스꼬는 병중이라 말을 타고 우연히 그 길을 지나가게 되었다. 말이 그 주인에게로 돌아오던 중 그녀가 있는 마을을 통하게 되었다. 그 마을 사람들은 그 말이 성 프란치스꼬가 타던 말인 걸 알고 그들은 그 고삐를 죽어가는 그 여인 위에 놓았다. 고삐가 그녀에게 닿는 순간 위험은 지나가고 그녀는 안전하게 아이를 낳았다.

치따 델라 피에베 출신으로 선하고 신실한 사람이 한 사람 있었는데 그는 성 프란치스꼬가 두르고 있던 띠를 지니고 있었다. 그 마을에는 여러 가지 병으로 고통당하는 사람들이 있었다. 그래서 그는 그들의 집을 방문하고 그 띠를 담근 물을 환자에게 마시라고 주었다. 많은 사람들이 이 방법으로 나았다.

프란치스꼬가 손댄 빵을 먹은 아픈 사람들은 종종 하느님의 능력으로 재빨리 낫게 되었다.

12. 그의 설교를 빛나게 한 비상한 기적들 때문에 사람들은 성 프란치스꼬의 말을 마치 하느님으로부터 온 천사가 말을 하고 있다는 듯이 들었다. 그가 지니고 있던 높은 경지의 덕, 또 그의 예언의 영, 설교하라고 거룩하게 불림받은 것과 더불어 그의 기적의 힘, 그리고 비이성적인 피조물이 그에게 바치는 순종, 그의 말을 들은 사람들의 내부에서 일어난 심오한 마음의 변화, 그리고 인간의 도움 없이 성령에 의해 가르침을 받았으며 설교에 임하는 법이 기록된 회칙이 계시의 결과로써 교황에 의해 설교할 권한을 임명받았다는 사실, 더불어 그의 육신에 인호처럼 찍혀 있는 위대한 왕의 표시와 그리스도의 대리자에 의해 인가받은 회칙 – 이러한 모든 것들은 전 세계에 그리스도의 프란치스꼬는 그의 성직으로 인해 존경받을 가치가 있으며, 그의 가르침으로 인해 믿음을 받을 만하며, 그의 성성聖性으로 인하여 존경받을 만하다는 것과, 또한 그는 그 자신 하느님으로부터 온 대변인으로서 그리스도의 복음을 설교했다는 것을 단언하는 무수한 증거인 것이다.

1. 성 프란치스꼬는 늘 선을 행하도록 애썼다. 마치 야곱이 본 충계를 오르락내리락하는 천사들처럼(창세 28,12) 그는 기도하면서 자신의 마음을 하느님께로 들어올리든지 아니면 이웃에게로 내리든지 하면서 늘 바빴다. 그는 자기 시간의 일부를 선을 베풂으로써 이웃에게 바치고, 또 일부는 명상의 평온과 광휘에 바치면서, 공덕을 현명하게 얻을 수 있는 시간의 분배법을 배웠었다. 시간이나 환경의 요구에 따라 그는 이웃의 구원에 자신을 완전히 바치곤 하였다. 그러나 일이 끝나면 그는 마음을 산란시키는 군중들을 피하여 평화를 찾아 외딴곳으로 들어가곤 하였다. 거기서 그는 자유로이 하느님께 전적으로 몰두하였으며 또한 그가 세상의 한가운데서 사는 동안 묻은 그 어떠한 얼룩이든 그것을 지우고 깨끗하게 하곤 하였다.

열띤 활동을 시작한 지 한참 후로서 죽기 2년 전에 그는 신적인 섭리를 받아 라 베르나라는 높은 산에 올랐다. 거기서는 혼자 있을 수 있었던 것이다. 자기의 습관대로 성 미카엘 대천사를 기념하여 40일 단식을 시작하였는데 곧 그는 신적인 명상이 비상하게 맘에 흘러들어오는 것을 경험했다. 그는 온통 천상적 갈망으로 불타올랐으며 신의 은총의 선물이 그 어느 때보다 더욱 충만히 자신에게 흘러 넘치고 있다는 것을 깨달았다. 호기심으로 신적인 위엄을 파헤쳐 보려다가 그 영광에 의해 깨어지는 사람으로서가 아니라, 그는 - 즐겨 자신의 온 마음과 영혼을 다하여 순명하고자 하는 - 하느님의 뜻을 알고자 애쓰는 충성스럽고 슬기로운 종(마태 24,45)으로서 높이 들려졌다.

2. 프란치스꼬는 하느님의 영감에 의해 만일 자신이 복음서를 펼치면 그리스도께서 자기에게 하느님의 뜻이 어떠하신지, 또 하느님은 자기 안에서 무엇이 실현되기를 보시고자 원하시는지 계시해 주리라는 것을 깨달았다. 그래서 프란치스꼬는 열렬히 기도하고 제단에서 복음서를 가져와 믿음이 깊고 거룩한 수사인 동료에게 복된 삼위일체의 이름으로 그것을 펼치라고 말했다. 그는 복음서를 세 번 펼쳤는데 매번 수난의 장이 펼쳐져 프란치스꼬는 자신이 살아 있는 동안에 했던 모든 일에 있어서, 자신이 그분과 같았던 것과 똑같이, 자기가 세상을 떠나기 전에 그분의 수난의 근심과 고뇌에 있어서도 그리스도와 같이 되어야 함을 깨달았다. 그의 육신은 이미 과거의 엄격한 생활로 인해, 또한 주님의 십자가를 중단 없이 짊어졌기에 허약해져 있었다. 그러나 그는 두려워하지 않았으며 어떠한 순교도 견디려는 열망을 이전보다 더욱 간절히 느꼈다. 선하신 예수님께 대한 사랑의 꺼지지 않는 불은 활활 타오르는 밝은 빛이 되었기에 그의 사랑은 고난이 굽이치는 물살처럼 밀려와도 굴복할 줄을 몰랐다(참조: 아가 8,6-7).

3. 프란치스꼬의 열렬한 세라핌적 갈망은 그를 하느님께로 들어올렸으며 또한 동정심의 무아지경 속에서, 크신 사랑으로 스스로 십자가에 달리시길 허락하신 그리스도와 같이 만들었다. 그러던 어느 날 아침 성 십자가 현양 축일 무렵 산에서 기도하고 있던 중, 프란치스꼬는 여섯 날개가 달린 세라핌이 하늘의 가장 높은 곳에서부터 내려오고 있는 것을 보았다. 그 모습은 재빨리 그 가까이 내려와서는 공중에 멈추어 섰다. 그때 그는 십자가에 못박힌 사람, 즉 양손과 발을 쭉 뻗친 채 십자가에 못박힌 사람의 상이 날개들 중앙에 있는 것을 보았다. 그 날개들 중에 두 날개는 그의 머리 위로 들어올려져 있었고, 또 둘은 날기 위해 뻗쳐져 있었고, 한편 나머지 두 날개는 그의 몸을 감싸고 있었다. 프란치스꼬는 그것을 보고 놀라 당황하였으며 그의 마음은 기쁨과 슬픔이 섞여 흘러 넘쳤다. 그는 그리스도가 세라핌의 모습을 띠고 그토록 은혜 가득히 자기를 배려해 준 방법에 대해서 대단히 기뻤으나, 그분이 십자가에 못박히셨다는 사실이 그의 영혼을 동정심으로 가득찬 비애의 칼로 찔렀던 것이다.

그는 이 기적적인 환시를 보고는 놀라 정신을 잃었다. 그러나 그는 그리스도의 수난의 고통은 세라핌의 영원불멸하고도 영성적인 본성과는 함께 존재하지 않는다는 것을 알았다. 마침내 그는 하느님의 영감에 의해 하느님은 당신 섭리 안에서 그에게 그리스도를 사랑하는 자로서 육체적 순교가 아니라, 그의 정신적 열정으로써 십자가에 못박히신 그리스도를 완전히 따라야만 한다는 것을 그에게 알게 하려고 이 환시를 보여주었다는 것을 깨달았다. 그 환시가 사라지자 그것은 그의 마음을 열심으로 불타오르게 하였으며 그의 몸에 기적적으로 그와 꼭같은 것을 박아 놓았다. 그때 거기서 그의 손과 발에 십자가에 못박힌 사람의 환시에서 본 것과 똑같이 못자국이 나타나기 시작했던 것이다. 그의 손과 발은 중앙이 못으로 구멍이 뚫려 있었고 그 못의 머리부분은 손바닥과 발등에 나 있었고, 반면 못 끝쪽은 반대편 위로 튀어나와 있었다. 못 머리 부분은 검고 둥글었으나 그 끝은 마치 망치로 박힌 듯이 길게 뒤로 휘어 있었다. 그 부분은 주위의 살보다 튀어나와 있었다. 그의 오른쪽 옆구리는 마치 창으로 꿰뚫린 것 같았으며 검푸른 상처가 찍혀 있었는데 자주 피가 흘러나와 그의 수도복과 바지가 피에 물들었다.

4. 자신의 몸에 너무나 명백히 새겨진 오상을 가까운 동료들에게 숨길 수 없다는 것을 깨달았을 때 그는 의혹으로 괴로워하게 되었다. 그는 하느님의 비밀을 드러나게 하는 것이 두려웠으며 또한 자기가 본 것을 말해야 할지 말아야 할지 알지 못했다. 그는 몇몇 수사들을 불러서 막연하게 무엇을 해야만 하는지 물었다. 그들 중 일루미나투스라는 사람이 하느님에 의해 지혜롭게 되어 성인이 아직까지도 완전히 어리둥절한 상태에 있는 걸 보고 어떤 기적이 일어났다는 것을 깨달았다. 그 수사는 그에게 말했다. "형제여, 하느님께서 당신의 비밀을 형제에게 계시해 주실 때는 그것이 당신 혼자만을 위한 것이 아니라 또한 다른 이들을 위한 것이라는 것을 명심하셔야 합니다. 만일 당신이 여러 사람에게 이로움을 주려고 의도된 어떤 것을 감춘다면 당신을 당신에게 주어진 탈렌트를 땅속에 묻은 데 대한 벌을 받으리라는 두려움을 느낄 온갖 소지를 갖게 되는 것입니다." 프란치스꼬는 자주 "내 비밀을 지키는 것은 나 자신을 위해서요"라고 말했으나 이러한 말을 듣자 그는 자신이 방금 본 환시를 걱정스러운

듯이 설명하고 덧붙여 그에게 나타났던 그 사람은 많은 비밀을 얘기
해 주었는데 자기가 살아 있는 동안에는 아무에게도 이것을 드러내
지 않겠노라고 말했다.

이것에서 우리들은 단지 십자가상에서 그에게 나타난 세라핌이
준 메시지는 너무도 은밀해서 어떠한 사람에게도 얘기할 수 없는 것
이라고 결론지을 수 있을 뿐이다.

5. 그리스도의 참된 사랑은 이제 당신을 사랑하는 사람을 당신의 모
습으로 변화시켰다. 혼자 떨어져 보내기로 했던 사십 일이 지나고
성 미카엘 축일이 왔을 때 성 프란치스꼬는 산에서 내려왔다. 몸에
는 나무나 돌에 새기는 어느 예술가가 이룬 것이 아니라 살아 있는
하느님의 손으로 다시 새긴 십자가에 못박히신 그리스도의 표시를
지니고 있었다. "세상 임금의 비밀은 감추는 것이 좋다"(토빗 12,7). 그
래서 왕적인 비밀을 함께 나누어 갖고 있다는 것을 깨달은 프란치스
꼬는 그 거룩한 오상을 숨기려 최선을 다했다. 그러나 하느님께서는
당신 자신의 영광을 위해, 그의 기적을 드러내셨다. 그분은 성 프란
치스꼬에게 비밀히 오상을 찍어 주셨으되, 비록 숨겨져 있다 하여도
그것의 기적적인 힘은 분명히 알려지도록 그 오상으로써 드러내 놓
고 많은 기적을 행하셨다.

6. 리에띠라는 지역에 한 치명적인 병이 소떼와 양떼에게 덮쳐 급속
히 많은 소와 양을 죽게 하니 어떻게 손을 쓸 수가 없었다. 그때 한
믿음깊은 사람이 밤에 한 환시에서, 즉시 성 프란치스꼬가 머물고
있는 수사들의 움막으로 가서 그가 손발을 씻은 물을 얻어 가축떼

위에 뿌리라는 말을 들었다. 그는 아침에 일어나 움막으로 가서 성
인의 동료로부터 은밀히 물을 구했다. 그러고는 그것을 병든 소떼와
양떼에게 뿌렸다. 그 동물들은 땅에 기진한 채로 누워 있었으나 단
한 방울의 물이라도 닿는 순간 그들은 즉시 정상적인 기운을 되찾고
일어서서 마치 언제 병들었었느냐는 듯이 목장으로 급히 달려갔다.
오상에 닿았던 물의 기적적인 힘이 질병을 쫓아내고 가축들을 치명
적인 병에서 구했다.

7. 성 프란치스꼬가 라 베르나에 가서 머물기 전에는, 자주 구름이
그 산 위에 모였고 큰 우박이 곡식을 황폐화시키곤 하였다. 그러나
그가 온 이후에는 그 마을 사람늘이 크게 놀라게도 우박이 그쳤다.
유례없이 청명한 하늘은 그의 뛰어난 됨됨이와 그가 거기에서 받은
오상의 능력을 선포했던 것이다.

어느 겨울철 성인은 허약해 있었고 길이 나빠서 한 가난한 사람의
나귀를 타고 갔다. 눈이 내리고 있었고 어둠이 내리기 시작하여 움
막에 다다르는 것은 불가능했다. 그래서 그들은 높이 솟아 있는 절
벽 밑에서 밤을 보내야만 했다. 프란치스꼬는 그에게 은혜를 베푼
사람이 이리저리 돌며 혼잣말로 불평하는 소리를 들었다. 그는 옷을
얇게 입어서 살을 에는 듯한 추위 속에서 잠들 수가 없었다. 성인 자
신은 하느님의 사랑의 열정으로 불타고 있어서 손을 내밀어 그에게
갖다 댔다. 예언자 이사야의 입술을 깨끗이 하는 데 사용된 석탄의
열기로 따뜻해 있는 그의 손에 닿는 순간 추위는 사라지고 그 사람
은 마치 오븐에서 나오는 한바탕 뜨거운 김에 쏘인 것같이 따뜻함을
느꼈다. 그는 즉시 육신과 영혼이 더 나아짐을 느꼈으며, 그가 후에

늘 말하곤 하였듯이, 그 이전에 자기 침대에서 잠잤던 것보다 그 바위와 눈보라 속에서 더욱 깊은 잠을 다음날 아침까지 잤던 것이다.

따라서 오상은 하느님의 능력에 의해서 성 프란치스꼬에게 찍혔음이 확실하다. 왜냐하면 세라핌의 중재로써 정화시켜 주고 밝혀 주고 불타오르게 하는 분은 바로 하느님이시기 때문이다. 이 거룩한 상처는 육체적 온기는 물론 동물의 질병을 씻어 주고 청명한 하늘을 허락하는 것이다. 이것은 앞으로 설명할 기적에 의해 프란치스꼬의 사후에 더욱 분명히 증명되었다.

8. 프란치스꼬는 밭에서 찾아낸 보물(마태 13,44 참조)을 감추려고 매우 조심스럽게 애썼다. 그러나 그는 항상 손을 가리고 구두를 신고 다녔음에도 불구하고 자기의 손발에 난 오상을 아무도 보지 못하도록 막을 수 없었다. 많은 수사들은 그의 생존시에 그것을 보았으며 그들이 훌륭한 수도자이고 믿을 만한 사람들임에도 불구하고 맹세까지 하여 이를 증거하였으니 이 일에 대해 추호의 의심도 가질 수 없는 것이다. 성인과 가까운 친구들이었던 몇몇 추기경들도 그것을 보았으며 그를 기념하여 자기들이 지은 여러 가지 찬미가와 후렴으로 그것을 찬미 노래함으로써 그들은 말과 글로 진실을 증거하였다. 그가 대중 앞에서 설교를 하는 곳에, 나는 다른 많은 수사들과 함께 있었는데 교황 알렉산드르는 자기 눈으로 직접 오상을 그 성인의 생존시에 보았었다고 단언하였다. 성녀 글라라와 그녀의 수녀들과 함께 오십 명이 넘는 수사들, 또 셀 수 없이 많은 평신도가 그의 사후에 오상을 보았다. 그들 중 많은 사람들이 진실을 증명해 보고자 뒤에 설명하게 되는 것처럼 오상에 키스하고 직접 손으로 만져보기도 했다.

그러나 프란치스꼬는 옆구리에 난 상처를 대단히 주의하여 감추
었기에 그것을 그가 살아 있는 동안 그 누구도 흘낏 한번 보는 것 이
상으로 더 볼 수 없었다. 그에게 배려 깊게 늘 시중들곤 하던 한 수
사가 그에게 수도복을 벗어서 한번 먼지를 털라고 은근히 설복하였
다. 그래서 그 수사는 자세히 지켜본 결과 그 상처를 보았다. 그는
세 손가락을 그 위에 잽싸게 갖다 대어 그것이 얼마나 큰가를 보는
것은 물론 만져볼 수도 있었다. 당시 프란치스꼬의 대리자였던 수사
도 비슷한 구실을 대고 그 상처를 겨우 볼 수 있었다. 뛰어난 단순함
을 지닌 사람으로 다른 한 동료는 성인이 몸이 불편해서 가슴을 마
사지해 주기 위해 그의 수도복 모자 밑으로 자기 손을 넣었다. 그러
다가 우연히 그의 상처에 닿아 성인은 대난히 아빠하였다. 그 결과
성인은 항상 겨드랑이까지 올라오는 바지를 입었다. 그의 바지를 빨
거나 그의 수도복의 먼지를 털어내기 위해 흔들었던 수사들은 그의
바지에 피얼룩이 묻은 것을 보았다. 이 분명한 증거는 그들이 그 후
임종때 다른이들과 묵상하고 존경했던 상처가 있다는 데 아무런 의
심도 없게 했다.

9. 오, 그리스도의 용감한 기사여! 당신은 쓰러지지 않는 당신의 인
도자가 무기로써 무장시켰습니다. 그것들은 당신을 뛰어나게 하고
모든 원수들을 이길 수 있게 해줄 것입니다. 높으신 왕의 깃발을 높
이 치켜쥔 사람은 당신으로 그것을 보고 하느님의 모든 군대가 힘을
얻습니다. 그리고 더구나 당신은 높으신 사제이신 그리스도의 인호
를 지니고 계십니다. 그러므로 당신의 말씀과 모범은 전혀 하찮은
소리가 아니라 참되고 건전한 것으로 간주되어야만 합니다. 당신은

주 예수의 상처를 당신 몸에 지니고 있어서 그 누구도 감히 당신을 반대할 수 없습니다. 반대로 모든 그리스도의 제자들은 당신을 깊은 애정으로써 감싸야 하는 것입니다. 당신을 사랑하시는 하느님의 증언은 모든 의혹을 넘어서는 것입니다. 거룩한 오상은 두세 사람(이들만으로도 족하였을 것이나)만이 아니라 전 군중(족한 것보다 훨씬 많은 숫자인)이 목격하였으니 이는 믿지 않는 사람들에게 아무런 구실거리를 남겨주지 않는 것입니다. 반면에 신앙이 깊은 사람들은 그들의 신앙 안에서 더욱 확고하게 되고 자신감에 넘치는 희망에 의해 들어올려지고 하느님의 사랑의 불로 타오르게 되는 것입니다.

10. 당신이 본 바로 그 첫 환시는 이제 이루어졌습니다. 그것은 그 때 당신은 그리스도 군대의 장교가 되어야 함과 십자가로 꾸며진 무기를 지녀야 함을 계시받은 것입니다. 당신의 수도생활 처음에, 십자가에 달리신 이의 모습은 당신의 영혼을 연민에 찬 슬픔의 칼로 꿰뚫은 것입니다. 당신이 십자가로부터 그리스도의 목소리 – 하늘의 거룩한 왕좌에서 나온 듯한 – 를 들었다는 것은 의심할 바가 없습니다. 왜냐하면 그것에 대해 당신이 직접 하신 말씀을 우리는 들었기 때문입니다. 후에 실베스테르 형제는 십자가 모양으로 두 개의 칼이 당신을 찌르고 있는 것을 보았습니다. 성 안토니오가 십자가 위에 붙인 명패에 대해 집중적으로 설교하고 있을 때 모날두스는 당신이 두 팔을 십자가 모양으로 쭉 뻗친 채 공중으로 들어올려지는 것을 보았습니다. 우리는 이러한 것이 상상적인 환상이 아니라 하늘로부터 오는 계시라는 것을 믿는 데 추호의 의심도 없습니다.

　마지막으로, 당신 생애의 마지막 무렵 당신은 세라핌의 거룩한 환시를 보았으니 그 안에서 당신은 십자가에 못박히신 분의 겸손한 모습을 보았던 것입니다. 이것은 당신의 마음을 불타오르게 하고 당신의 몸에 표하였으니, 그리하여 당신은 묵시록에서 성 요한이 말한 "해 돋는 쪽에서 올라오고 있는", "다른 천사"(묵시 7,2 참조)처럼 당신은 살아 있는 하느님의 인호를 지니게 되었던 것입니다. 이것은 그에 대해 믿을 만한 증거를 지닌바 방금 말한 환시를 믿는 우리의 믿음을 더욱 견고하게 하는 것입니다.

일곱 번에 걸친 그리스도의 십자가에 대한 환시가 기적적으로 당신 안에서, 혹은 당신과 관련해서 나타났던 것입니다. 그리고 이런 것들은 당신 일생의 여러 단계에 있어서 그토록 많은 전조처럼 나타났던 것입니다. 처음 여섯 번은, 당신이 방금 얻었고 또 그 안에서 모든 것이 마침내 완성된 일곱 번째의 것으로 향하여 나아가는 무수한 발걸음과 같은 것이었습니다. 당신의 수도생활 시초에 그리스도의 십자가는 당신 앞에 놓여졌고 당신은 나무랄 데 없이 생활함으로써 항상 그것을 지니고 다녔으며 또 다른 사람들에게 따르도록 모범을 보였습니다. 그 십자가는 당신이 복음적 완덕의 높은 경지를 얻었다는 것을 너무도 명백히 증거하고 있기 때문에, 신실한 사람이라면 그 누구도 당신이 가난한 당신 인격 안에 쌓아올린 그리스도인의 거룩함의 표양을 결코 일축해 버릴 수 없었던 것입니다. 진실한 그리스도인이라면 그 누구도 그것을 반대할 수 없었으며 겸손을 조금이라도 지닌 사람이라면 그것을 결코 경시할 수 없었던 것입니다. 왜냐하면 그것은 하느님께로부터 오는 것이며 환영받을 가치가 있는 것이기 때문입니다.

1. 프란치스꼬는 이제 그의 몸과 영혼이 그리스도와 더불어 십자가에 매달려 있다. 그는 세라핌 천사처럼 하느님에 대한 사랑으로 불탔으며 그리스도처럼 가능한 한 많은 인류를 구원하기를 목말라했다. 그는 발에 튀어나온 못 때문에 더 걸을 수 없었다. 그래서 그는 반 죽음이 된 상태에서 마을과 고을을 이리저리 실려다니며 다른 사람들에게 그리스도의 십자가를 지라고 격려하였다. 수사들에게, "나의 형제들이여, 우리는 우리의 주님과 하느님께 봉사를 시작해야 하오. 지금까지 너무나 한 일이 없소"라고 말하곤 했다. 그는 처음에 이루었던 겸손한 출발점으로 되돌아가기를 온 마음으로 바랐으며, 이미 노동으로 지쳐 있는 자기 육신이 전에 그에게 봉사했던 것처럼, 다시 한번 그에게 봉사하도록 하면서 전에 한 것처럼, 한번 더 나병환자들을 돌보고자 갈망했다. 그리스도를 자기의 안내자로 삼아 그는 큰 승리를 얻고자 계획했으며 그의 팔다리는 비록 무너질 것 같았으나 다시 적인 마귀를 눌러 승리하고자 했다. 왜냐하면 그는 정신적으로는 열렬하였으며 용기 백배했기 때문이다. 사랑의 자극이란 사람에게 더 많은 노력을 하게 끊임없이 격려하고, 사람을

그 어떠한 낙담이나 게으름 속에 내버려 두는 일이 없기 때문이다.
그러나 프란치스꼬 안에는 정신과 육체가 너무도 조화를 잘 이루고,
너무도 순명하기에 빨라서 그의 영혼이 높은 신성을 따라가고자 애
쓰면 그의 육체는 방해가 되기는커녕 오히려 영혼의 갈망을 넘어서
고자 애썼다.

2. 우리가 아는 바와 같이 공로는 참을성 있는 인내심에 의해 더욱
높아진다. 그래서 프란치스꼬는 자기의 보화가 더욱 쌓일 수 있게
온갖 종류의 병으로 고통받기 시작했다. 그의 몸의 어느 곳에서 고
통이 없는 곳이 없었다. 그가 참아 견딘 장기간의 고뇌로 결국 그는
살이 빠지고 피부가 뼈에 딱 달라붙은 상태로 되있다. 그는 괴로운
고통으로 시련을 당했으나 이 시련을 고통이라 하지 않고 자매들이
라고 불렀다.

 한번은 그가 여느 때보다 더 심히 고통을 당하고 있을 때 아주 단
순한 사람이었던 한 수사가 그에게 "형제여, 당신 하느님께 간구하
여 당신이 좀더 편해지도록 청해야 합니다. 그분은 당신을 너무 심
하게 다루고 있는 것 같습니다"라고 말했다. 성인은 이 말을 듣고
큰 소리로 신음하더니 이렇게 외쳤다. "만일 내가 당신이 지극히 단
순하다는 것을 모른다면 나는 당신께 다시는 내 가까이 오지 못하게
할 것이오. 왜냐하면 당신은 감히 하느님께서 나를 대하시는 방법에
대해 잘못을 찾으려고 했기 때문이오." 그리고 그는 오랜 병으로 지
칠 대로 지쳐 있었지만 몸을 땅에 내던져 자기 몸의 모든 뼈들이 그
충격으로 온통 흔들리도록 놔두고 땅에 키스하며 덧붙여 말했다.
"나의 주님이시며 하느님이시여, 내가 당하는 이 모든 고통에 대해

당신께 감사드리나이다. 그리고 당신이 원하신다면 내 고통을 백배나 더 아프게 하시기를 간청하나이다. 당신이 나를 아끼시지 않고 고통으로 괴롭게 하시는 것보다 나를 더 행복하게 만드는 것은 없나이다. 당신의 뜻을 실행하는 것은 나에게 충분한 위로가 되나이다. 아니 충분 그 이상의 것이 되나이다." 수사들에게 그는 두 번째의 욥처럼 보였다. 그의 정신력은 그의 육신이 점점 더 약해짐에 따라 더욱 커갔다. 그는 이미 오래전에 자기의 죽음이 올 날을 알고 있었으며 그것이 가까이 왔을 때 그는 그리스도가 그에게 계시하였듯이 동료들에게 자신은 "이 세상을 떠날 때가 멀지 않았다"(2베드 1,14)라고 말했다.

3. 그가 오상을 받은 후 2년 동안 – 즉, 수도 생활을 시작한 지 20년째 되던 해 – 프란치스꼬는 여러 가지 질병으로써 정화시키는 타격을 참아 받았는데 이는 망치의 타격 아래에서 마음대로 잡아늘일 수 있는 금속처럼 그를 천상 예루살렘에 이미 합당한 돌과 같이 만들었으며 그를 완덕의 높이까지 들어올렸다. 그러고 난 뒤 그는 첫 은총의 영을 받았던 곳에서 숨을 거두도록 뽀르치웅꼴라의 성 마리아 성당으로 데려다줄 것을 청했다. 거기에 도착했을 때 영원한 진리의 모범을 따라 그는 자신이 이 세상과 공유한 것이 더 이상 아무것도 없다는 것을 보이길 갈망했다. 그의 모든 고통에 종지부를 찍기로 되어 있었던 마지막 심한 병중에서, 자신의 분노를 쏟도록 주어진 마지막 시간에 벌거벗은 그의 적과 벗은 채로 정신의 모든 열정으로써 다투게 그는 자신을 맨땅에 옷을 벗은 채로 눕히게 했다. 초라한 수도복을 벗은 채 땅 위에 누워 있을 때 그는 습관대로 눈을

하늘로 향해 올렸다. 그리고 그것의 영광을 묵상하는 데 몰두하였
다. 그는 오른쪽 옆구리에 난 성흔을 보이지 않도록 왼손으로 가리
고 수사들에게 말했다. "나는 내가 하기로 되어 있는 것을 했습니
다. 그리스도께서 당신들에게 당신들의 것을 가르쳐 주시길."

4. 그의 동료들은 슬픔에 압도되어 비참하게 울었다. 그들 중 성인
이 자신의 보호자라고 불렀던 한 사람이 하느님에 의해 영감을 받아
성인이 원하는 바가 이것이라는 것을 깨닫고 띠와 바지와 함께 수도
복을 그리스도의 거지에게 주었다. "나는 거지인 당신에게 이것들
을 빌려줍니다. 그러니 순명으로 이것을 받아야 합니다"라고 그 사
람은 말했다. 성인은 기뻤으며 행복으로 그의 마음은 넘쳐흘렀다.
이것은 가난의 부인에 대한 신뢰를 끝까지 지켰다는 것을 증명하는
것이다. 양손을 하늘로 들어올리며 그는 그리스도께 자기의 온갖 멍
에를 풀어 주시고 당신을 자유로이 만나러 갈 수 있게 허락하신 데
대해 찬미를 드렸다. 그는 가난에 대한 열망에서 그전에 했던 대로
행동하였다. 그래서 그는 그것이 빌린 것이 아니라면 수도복조차도
갖기를 싫어하였던 것이다. 그리스도는 가난한 채로, 옷 벗긴 채로,
그리고 커다란 고통 속에서 십자가에 달리셨다. 프란치스꼬도 모든
면에서 그분과 같이 되기를 원했던 것이다. 이것이 왜 그가 종교적
생활의 시초 때에 주교 앞에서 옷을 벗은 채로 서 있었는가 하는 이
유이며, 또한 인생의 종말에서 옷 벗은 채로 이 세상을 떠나고 싶어
하는 이유인 것이다. 순종과 사랑 안에서 그는 자기 주위에 서 있는
수사들에게 자신이 죽으면 천천히 일 마일을 걷는 데 걸리는 시간
동안 자기를 땅 위에 옷 벗긴 채로 뉘어 두도록 간청했다.

확실히 그는 가장 그리스도를 닮은 사람이었다! 그의 유일한 갈망은 그리스도와 같이 되는 것이었고 그분을 완전하게 본받는 것이었다. 그렇기에 그는 그분과 같은 표시(오상)로 꾸밈을 받기에 합당하다는 것이 드러났던 것이다. 그는 삶에 있어서도 그리스도의 삶을 본받았으며, 죽음에 있어서도 그분의 죽음을 본받았으며, 심지어 죽었을 때도 그분과 같이 되기를 바랐던 것이다.

5. 죽음의 시각이 다가왔을 때 자기 주위에 서 있는 모든 수사들을 자기 곁으로 불렀다. 그리고는 아버지와 같은 애정을 가지고 부드러운 말씨로 자신이 죽는 데 대해 그들을 위로하였으며, 하느님을 사랑하도록 열심히 권고하였다. 그는 특히 가난과 끈기있는 인내심과 거룩한 로마 교회에 끊임없이 충성할 것을 말했으며, 또한 다른 어떠한 생활의 규칙보다 복음에 우선권을 두었다. 수사들이 그 주위에 모여들자 그는 십자가를 사랑하였기 때문에 그들에게 양팔을 십자가 모양으로 펼쳐 십자가에 못박히신 분의 능력과 이름으로써 거기에 있는 수사들이나 거기 없는 사람이나 모든 수사들을 축복하였다. 그런 후 그는 덧붙여 "나의 아들들인 여러분, 하느님을 경외하는 가운데 당신들께 작별을 고하오. 항상 그분 안에 머무르시오. 앞으로 시련도, 유혹도 있을 것이오. 그러나 이것은 이제까지 겪어온 생을 계속 끝까지 인내해 나가는 사람에겐 유익한 것이오. 나는 이제 하느님께로 가며 당신들 모두를 그분의 사랑에 맡깁니다."

그는 위로의 권고를 끝마치고는 복음서를 가져오라고 해서는 "과월절을 하루 앞두고"(요한 13,1)로 시작되는 성 요한의 구절을 읽어 달라고 청했다. 그러고는 그는 할 수 있는 한 최선을 다해 시편을 낭송

했다. "소리높여 당신께 부르짖을 때 이 호소를 들으소서." 그러고
는 계속 "나에게 입혀 주신 은덕으로 이 몸이 의인들에게 둘러싸이
리이다"(시편 141,142장 참조)란 마지막 절까지 다 읊어내려갔다.

6. 마침내 하느님의 신비가 그 안에서 다 이루어졌을 때 그의 영혼
은 그의 육체에서 풀려나와 하느님 영광의 심연으로 들어가고, 프란
치스꼬는 하느님 안에서 잠들었다. 그의 제자인 한 수사는 그의 영
혼이 빛나는 별의 모습으로 수많은 바다를 넘어 흰 구름 위에 떠받
쳐 하늘로 올라가는 것을 보았다. 그 별은 그가 빛과 평화의 집으로
들어갈 권리를 확보해 준 천상적 지혜와 은총으로 가득 차서 지고의
거룩한 광휘로 빛나고 있었다.

떼라 디 라보르에 있는 수사들의 관구장 신부이며 거룩하고 올바
르 사람인 아우구스띠노 형제는 그때 임종의 자리에 있었다. 그는
얼마 동안 아무 말도 할 수 없었으나, 그러나 그때 그와 함께 있던
사람들은 그가 갑자기, "사부님, 잠시 기다려 주십시오. 잠시 기다
려 주십시오. 나도 당신과 함께 가겠습니다"라고 외치는 소리를 들
었다. 그 수사들은 놀라서 대체 누구에게 말하고 있는 건지 물었다.
그는 "당신들은 우리의 사부님 프란치스꼬를 보지 못합니까? 그분
은 하늘로 올라가고 있소"라고 대답했다. 바로 그때 그 자리에서 그
의 거룩한 영혼은 육신을 떠나 그의 사부를 따라갔다.

아씨시의 주교는 그 당시 가르가노 산에 있는 성 미카엘 성지로
향한 순례길에 있었는데 성 프란치스꼬는 임종의 밤에 그에게 나타
나 "나는 이 세상을 떠나 하늘로 가는 중이오" 하고 말했다. 아침에
일어나서 주교는 일어났던 일을 동료들에게 말했다. 아씨시로 돌아

오자마자 그는 그 일을 세밀하게 조사한 결과 프란치스꼬가 환시에
서 자기에게 나타났던 바로 그때 성인이 세상을 떠났다는 결론에 다
다르게 되었다.

성 프란치스꼬의 임종 때는 이미 땅거미가 내린 때였는데 많은 종
달새떼가 그 건물 위에 모여들었다. 그들은 보통 낮의 빛을 더 좋아
하고 밤의 어두움을 피하는데도 불구하고 모여들었던 것이다. 그들
은 이리저리 날아다니며 예외적인 기쁨에 차서 노래하며 그 감미로
운 노래로써 그들에게 그렇게 자주 하느님께 찬미하라고 일렀던 그
성인의 영광을 분명히 증거하면서 거기에 남아 있었다.

15 시성식과 유해의 운반

1. 처음으로 은총을 입고 영적인 비상飛翔을 하던 첫 발걸음 때부터 가장 높으신 분의 종이요 친구이며, 작은 형제회의 창설자요, 지휘자인 프란치스꼬는 꾸준한 진보를 이루었으며, 마침내 성성聖性의 극치를 얻었다. 그는 보속의 모범이요, 진리의 사자使者요, 거룩함의 거울이며, 복음적 완덕의 본보기였다. 그러나 가난이야말로 그의 천직이었다. 그는 가난 안에서 부유하였으며 겸손 안에서 높아갔다. 그는 고행의 한가운데서 생기로 가득 차 있었으며, 그의 단순함은 그를 초자연적인 신중성으로 이끌고 갔다. 그래서 그는 모든 덕을 실천한 것으로 뛰어난 것이다. 하느님은 그의 생전에 놀라운 방법으로 그에게 명성을 가져다주었지만, 그러나 죽음에서 당신은 그를 이전보다 더욱 유명하게 만들었다. 그가 세상을 떠났을 때 그의 거룩한 영혼은 생명의 샘에서 실컷 마심으로써 영광을 받는 곳인 영원의 숙소로 들어갔으며 또한 그의 육신에는 미래의 영광의 분명한 표시가 남아 있었다. 정욕과 함께 십자가에 못박혔던 그의 육체는 새로운 창조물이 되어 독특한 특권에 의해 그리스도의 수난의 상을 지니고 있었으며, 일찍이 들어본 적 없는 이 기적에 의해 다가올 부활을 넌지시 암시해 주었다.

2. 하느님께서 기적으로 그의 거룩한 손발에 그의 살로 만들어 놓으신 못들을 볼 수 있었다. 그 못들은 그 자신의 살의 일부로서 한쪽에서 누르면 마치 곧바로 닿는 견고한 물질로 이루어져 있는 것처럼 즉시 반대편으로 튀어나왔다. 그 어떠한 인간의 행위로 인한 것이 아닌 그의 옆구리의 상처는 구원의 신비와 인간의 재생을 가져온 구세주의 옆구리에 난 상처와 똑같이 분명히 볼 수 있었다. 못자국은 쇠처럼 검었으나, 옆구리 상처는 붉었으며, 살이 일종의 원모양으로 오므라져 있어서 마치 그것은 아름다운 한 송이 장미처럼 보였다. 원래부터 검은 것 같고 또 병으로 더욱 검게 되었던 그 나머지 피부는 희게 빛나 우리에게 천상에서 성인들의 육체가 지닐 어떤 아름다움을 생각하게 해주었다.

3. 그의 팔다리는 느슨해지고 만지면 부드러웠다. 그것은 그의 어린이 같은 순수함의 표지를 지니고서 어린시절의 유연성을 다시 얻은 것 같았다. 못은 빛나는 피부에 대조되어 검게 나타났으며 옆구리의 상처는 함빡 핀 한 떨기 장미처럼 보였기에, 보는 이들이 그 기적의 다양한 아름다움에 놀라고 기뻐하는 것도 놀라운 것이 아니다. 그의 아들들은 그토록 사랑하는 아버지를 잃은 것을 슬퍼하였으나, 그의 육신에 새겨진 지고의 왕의 표지에 입맞출 때는 기쁨으로 가득 찼던 것이다. 이 비범한 기적은 그들의 슬픔을 기쁨으로 바꾸었으며 그것이 의미하는 것을 깨닫자 그들의 호기심은 놀라움으로 바뀌었다. 그 광경은 너무도 이례적인 것이고 너무도 지고의 것이라, 그것을 본 사람들은 신앙이 더 견고하게 되고 더 큰 사랑으로 고취되었으며 한편 그것에 관해 이야기를 들은 사람들은 놀라움에 넋이 빠져 직접 보길 갈망했다.

4. 마을 사람들은 성인이 죽었다는 이야기를 듣고 또 오상에 대해 알게 되자 무리를 지어 그 장소로 몰려와서 자기들 눈으로 직접 보고자 했다. 이것은 자기들 마음에 있는 온갖 의심을 몰아내고 성인에 대해 느꼈던 애정을 더 많게 하기 위해서였다. 많은 아씨시 주민들은 오상을 보고 거기에 입맞추는 것을 허락받았다. 성 프란치스꼬의 몸을 보게 허락받은 사람들 중 한 사람으로 교양있고 사려 깊은 제롤라모라는 기사가 있었다. 그는 널리 알려진 사람이었으나 성 토마처럼 믿지 않는 사람으로 오상의 진실성을 의심하였다. 하고 싶은 마음에 그는 주저하지 않고 수사들이 모두 보는 앞에서 성인의 양손과 옆구리를 자기 손가락으로 만져보았다. 그가 그리스도의 성흔의 표지를 만져보았을 때 그의 마음에서, 또 다른 사람들의 마음에서 의심이 사라졌다. 그 결과 그와 많은 사람들이 그가 그처럼 조심스럽게 확인했던 진실을 후에 복음에 두고 맹세하였다.

5. 그의 임종 자리에 모인 프란치스꼬의 수사들과 아들들은 그가 죽은 곳에서 모인 모든 사람들과 더불어 하느님을 찬미하는 노래를 부르며 그 밤을 지샜다. 그것은 마치 천사들이 밤을 새우는 것 같았으며, 아무도 장례식이 죽은 이를 위해 올려지고 있다고 생각하지 않았다. 아침에 모인 군중은 나무에서 가지들을 꺾어들고, 수많은 촛불을 들고 찬송가와 기도서 성가를 부르며 그의 유해를 아씨시로 옮겼다. 그들이 지금은 하늘에서 영광중에 있는 고결한 동정녀 글라라가 그녀의 자매들과 함께 지내던 성 다미아노 성당을 지나게 되었을 때, 그들은 잠시 멈추고는 그들에게 천상의 보석으로 단장된 그의 몸을 보게 하고 키스하게 했다. 마침내 그들은 기쁨에 차서 그 도시

에 도착하였으며 그들이 운반하던 귀중한 보물을 성 지오르지오 성당에 경건히 내려놓았다. 그가 어린 소년시절 학교에 갔던 곳도 그곳이요, 그가 후에 처음으로 설교했던 곳도 그곳이며, 또한 거기에서 그의 첫 휴식처를 발견했던 것이다.

6. 우리의 거룩한 사부님은 1226년 10월 3일 토요일 저녁에 이 세상을 떠났고 다음날 묻혔다. 하느님께서 사랑으로 그를 대하시기 때문에 그는 자신의 중재를 통해 일어난 많고도 특출한 기적으로 즉시 유명하게 되었다. 그가 살아 있을 때는 그의 뛰어난 거룩함은 완벽한 의로움의 모범으로써 살아가는 방법을 사람들에게 제시해 주기 위해 이 세상에 알려지게 되었다. 이제 그는 전 세계의 믿음을 강하게 하고자 그리스도와 함께 다스리며, 그의 거룩함은 하느님의 능력으로써 일어난 기적을 통해 하늘로부터 증명된 것이다. 전 세계에 걸쳐 그의 중재를 통해 얻게 된 영광스러운 기적들과 놀라운 사랑은 수많은 사람들을 고쳐시켜 그리스도에게 충실히 봉사하게 하고 성인을 존경하게 했다. 사실 그 자체뿐만 아니라 일어나고 있던 일에 대한 얘기가 교황 그레고리오 9세의 귀에까지 들렸다. 그래서 그는 하느님의 기적이 그의 종 프란치스꼬를 통해 일어나고 있음을 깨달았다.

7. 교황은 그의 특이한 거룩함을 그가 죽은 후에 듣게 된 기적에 의해서만이 아니라, 성인의 생존시에 자신이 직접 경험함으로써 알고 있는 것, 즉 자신이 직접 눈으로 본 것, 자기의 손으로 만져본 것에 의해서도 역시 그의 특이한 거룩함을 완전히 확신하고 있었다. 그는

프란치스꼬가 이미 하늘에서 하느님에 의해 영광을 입었을 것이라는 데 대해 전혀 의심을 가지지 않았다. 그리고 자신이 그 대리자인 그리스도와 화응하는 행동을 하고 싶은 갈망에서 그로 하여금 모든 존경을 받기에 합당한 자로서 지상에서 영광을 더하고 싶었다. 프란치스꼬가 하늘에서 영광을 받았다는 것을 전 세상이 믿게 하기 위해서 성인이 일으킨 여러 가지 기적을 글로써 기록하고 증인들에 의해 증명하라고 명했다. 그런 후 그는 이 일을 하고 싶은 마음이 전혀 없는 것은 추기경들로 하여금 이를 조사하도록 제출했다. 그들이 그것들을 세밀히 검사하고 만장일치로 동의했을 때 그는 추기경들과 또한 그때 교황청에 있었던 모든 고위 성직자들의 권고와 동의로써 프란치스꼬를 성인품에 올려야 한다고 천명했다. 1228년 7월 16일 일요일, 교황은 당신 스스로 아씨시로 오셔서 여기에서 묘사하면 지겨우리만큼 긴 예식을 거행하여 성 프란치스꼬를 성인품에 올렸다.

8. 1230년에 많은 수사들이 참석한 수도회 총회가 아씨시에서 열렸으며 5월 25일 성 프란치스꼬의 유해가 그를 기념하여 건축한 성전으로 옮겨졌다. 높으신 왕의 인호가 새겨진 그의 유해가 마을을 통해 운반될 때 수많은 기적들이 그리스도의 힘에 의해 일어났다. 이와 같이 생명을 주는 그의 영향력은 신자들의 마음을 움직여 그리스도를 따르게 하였다. 살아 있을 때 그는 하느님께 기쁜 존재였으며 그분으로부터 사랑을 받았다. 그래서 하느님은 그를 에녹(창세 5,24)처럼 묵상의 은총으로 하늘로 들어올리셨으며 엘리야(2열왕 2,11)처럼 그를 타오르는 사랑의 불수레에 태워 멀리 데리고 가셨다. 그가 천국의 꽃밭에서 영원한 봄을 즐길 때, 그의 유해가 세상에 끼친 놀라

운 영향력으로 인한 명성으로 향기롭다는 것은 정말 합당할 뿐이다.

9. 성 프란치스꼬는 살아 있는 동안 그가 일으킨 기적들로 인해 유명했었다. 그리고 그가 죽은 시각부터 오늘날까지 그는 하느님이 그를 기념하여 이루시는 비범한 기적들로 인해 전 세상에 걸쳐 영광을 입고 있다. 눈먼 자, 귀먼 자, 말 못하는 자, 불구자, 수종증이나 마비로 고통당하는 사람들, 귀신들린 자와 나병환자들, 버림받은 자와 포로된 자 등 – 이 모든 사람들은 그의 공덕을 통해 도움을 얻었다. 모든 질병에 대해, 모든 필요와 위험에 대해서 한 구원이 있다. 그의 중재로 죽었다가 다시 살아난 자들은 모든 신자들 앞에서 가장 높으신 분의 능력을 선언하였으니, 이는 하느님이 당신의 성인을 영광스럽게 하였기 때문이다. 그에게 영예와 영광이 세세에 있을지어다. 아멘.

이것으로써 성 프란치스꼬의 생애는 끝나다.

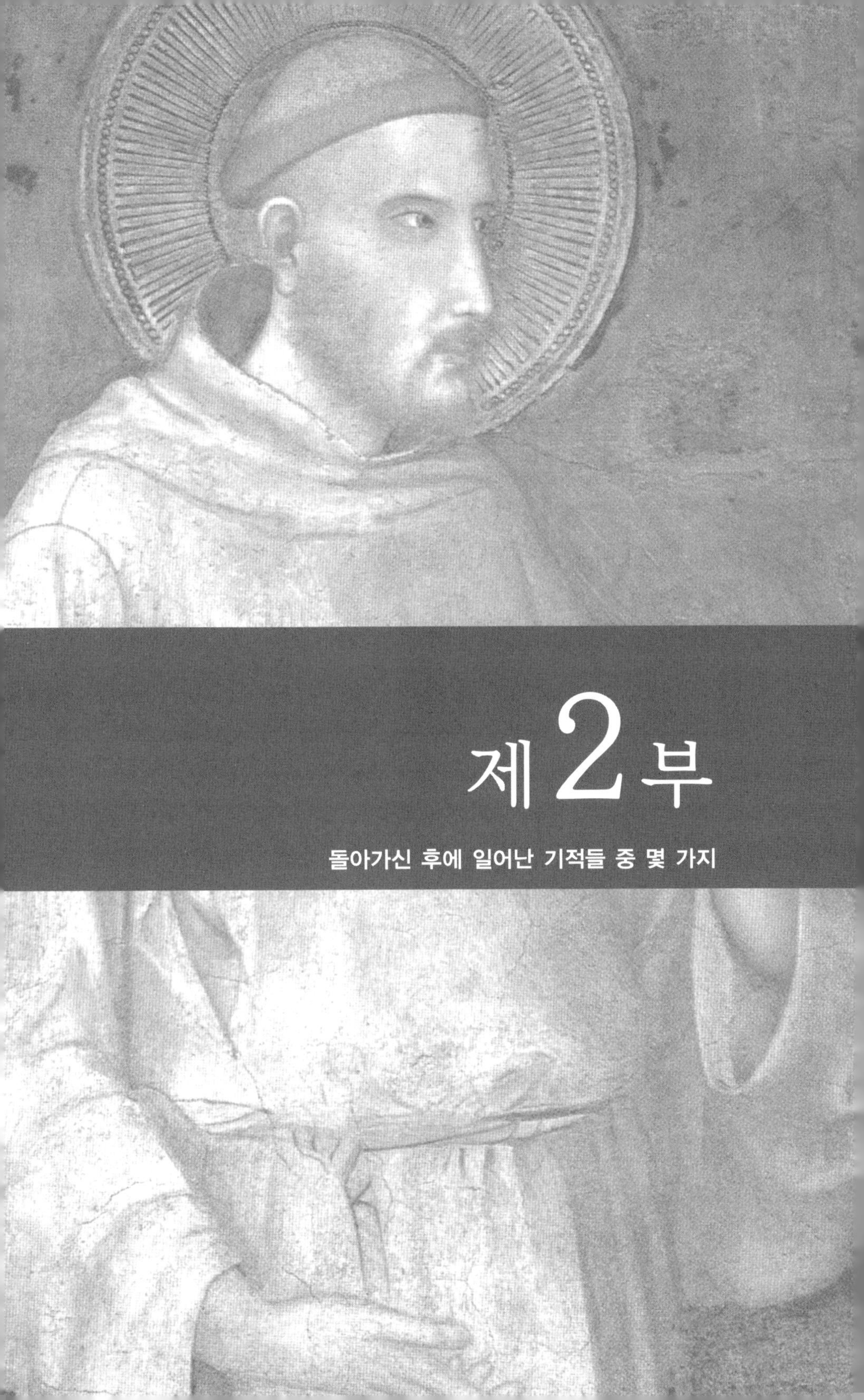

제2부

돌아가신 후에 일어난 기적들 중 몇 가지

1 오상의 능력

1. 성 프란치스꼬의 믿을 만한 기적 몇몇에 대해 기술하기에 앞서, 전능하신 하느님의 영예와 이미 하늘의 영광에로 들어올려진 성인의 영광을 위해서, 나는 그리스도의 십자가의 능력이 특히 분명히 나타나고 그것의 영광이 새롭게 된 기적들을 먼저 얘기하고자 한다. 프란치스꼬가 새로운 자신을 입었을 때 그는 새롭고도 들어보지 못한 기적, 즉 역사의 과정에서 과거에는 결코 인간에게 허락된 적이 없었던 뛰어난 특권으로 특출하게 되었다. 그는 성스러운 오상으로 꾸며졌기에 심지어 죽어 없어질 그의 육신마저도 십자가에 못박히신 예수의 몸과 같게 되었던 것이다. 그 어떠한 인간의 말로도 이와 같은 기적을 찬미하기에는 부족하리라. 다른 이들에게 알려져 있건 아니면 은밀히 이루어졌건간에 프란치스꼬의 모든 노력은 우리 주님의 십자가를 향한 것이었다. 십자가의 인호는 그의 종교생활의 시초부터 그의 마음에 찍혀 있었으며 그는 그것을 자기 육신에도 지니고 싶어했다. 그래서 그는 십자가를 입는 것처럼 십자가 모양으로 된 회개의 수도복을 입고 다녔다. 그는 마음속에 십자가에 못박히신 그리스도의 인성을 입고 있었으며, 이제 그의 육신은 십자가의 갑옷

으로 차려입었다. 하느님은 십자가의 표시로써 악의 세력을 패배시
키셨으며 이제 그의 군대도 똑같은 기치 아래서 그분을 위해 싸울
것이다.

프란치스꼬가 십자가에 못박히신 분의 군대 안에서 적극적인 첫
봉사를 시작했던 순간부터 십자가의 많은 신비가 그의 생애에 나타
났다. 이것은 그의 전기를 연구하는 사람은 누구나 분명히 알 수 있
는 일이다. 그가 우리 주님의 십자가로부터 받은 일곱 번의 환시를
통해 그는 그분에 대해 무아경의 사랑으로 생각과 바람과 행동에 있
어서 십자가에 못박히신 분과 비슷하게 변모되었다. 따라서 사랑 가
득찬 친절로 당신을 사랑하는 사람들에게 인간의 모든 기대를 넘어
서까지 당신 자신을 낮추시어 허락하시는 높으신 왕이 십자가의 표
시로 그의 육신을 꾸며주신 것은 당연한 일일 뿐이다. 그를 처음부
터 사로잡은 것은 십자가에 대한 사랑이었으며, 그를 전 세상이 찬
미하는 근원이 되게 만든 것은 십자가를 지는 명예였던 것이다.

2. 직접 오상을 검사하고 만져본 사람들의 증언 이외에 의심할 여지
가 없이 오상의 진실을 증명하는 데 우리는 성인의 사후에 일어난
많은 특이한 환시와 기적을 가지고 있다. 그리고 이러한 일은 우리
마음의 모든 의심을 몰아내는 데 도움을 준다.

교황이 될 것이라고 성 프란치스꼬가 예언했던 돌아가신 교황 그
레고리오 9세는 성인의 시성식 전에 프란치스꼬의 옆구리에 난 상
처에 자꾸 의심이 갔다. 그러던 어느 날 밤, 교황 스스로 눈물로 애
기하곤 하였듯이, 성 프란치스꼬가 그의 꿈에 나타났다. 그의 얼굴
은 조금 굳어져 있는 것 같았고 교황의 의심에 대해 꾸짖었다. 그러

고는 자기의 오른팔을 들어올리고는 그 상처를 보여주고 그에게 유리잔을 가져와 그의 옆구리에서 흘러나오는 피를 받으라고 말했다. 교황은 환시중에서 유리컵을 가져왔는데 컵 가득히 피로 채워지는 것 같았다. 그 일이 있은 후에 그는 오상에 대해 너무도 헌신적이고 신뢰가 너무도 열성적이라 그 누구라도 이 놀라운 표시를 의심할 것 같으면 그들의 교만을 공격함으로써 의심하지 못하게 했으며 그러한 사람들을 혹독하게 바로 고쳐주었다.

3. 설교가이며 덕성스런 생활로 잘 알려진 그 수도회의 한 수사는 오상의 진실을 믿고 있었다. 그러나 그는 순전히 인간적인 방식으로 어떻게 그러한 기적이 가능한가 하고 의심하기 시작하여 그 결과 그 의심은 그의 마음에 기어 들어갔다. 이 투쟁은 그의 마음 안에서 오랫동안 계속되었으며 의문을 잘 느끼는 그의 성격이 점점 더 그를 파고들었다. 그러던 어느 날 밤 꿈에 성 프란치스꼬가 나타났다. 그의 발은 진흙으로 덮여 있고 그는 겸손한 동시에 비난하는 것 같고, 참는 것 같으면서 화가 난 것 같았다. "너의 마음에 있는 이 모든 갈등은 도대체 무엇이냐? 어떠한 의심이 너를 더럽혔는가? 나의 손과 발을 보라." 그 수사는 그의 손에 나 있는 성흔은 볼 수 있었으나 진흙에 뒤덮인 발에 난 것들은 볼 수 없었다. "내 발에 묻은 진흙을 씻어라. 그러면 못이 박힌 곳을 보게 될 것이다"라고 성인이 말했다. 그 수사는 그의 양발을 경건히 잡고 진흙을 씻어 내리고 자기 손으로 그 상처를 만져보는 것 같았다. 그가 잠에서 깨어난 순간 그는 울음을 터뜨리고는 사람들 앞에서 자기의 의심을 홍수 같은 눈물을 흘리며 고백함으로 자기가 젖어 있었던 생각들을 정화시켰다.

4. 로마에 결혼한 한 여인이 있었는데 그녀는 훌륭한 생활과 고결한 조상들로 이름이 나 있었으며, 그 선조는 프란치스꼬를 그녀의 보호자로서 선택해 주었다. 그녀는 그의 초상화를 방에 걸어두고 은밀히 하느님께 기도했다. 그녀가 기도하던 어느 날 그녀는 그 그림을 자세히 들여다보았다. 거기에는 오상의 표시가 없었다. 그래서 그녀는 놀라 어쩔 줄을 몰랐다. 그러나 실은 놀랄 것이 아무것도 없었다. 왜냐하면 화가가 오상을 빠뜨렸던 것이다. 여러날 동안 그녀는 그 빠뜨린 이유가 무엇인가에 대해 열심히 생각해 보았다. 그 후 어느 날 오상이 마치 성인의 다른 그림에서 잘 볼 수 있듯이 그 그림에 갑자기 나타났다. 그 여인은 겁에 질려 즉시 딸을 불렀다. 그녀의 딸도 역시 대단히 믿음이 깊은 사람이었다. 그녀는 즉시 그전에 오상이 그림에서 정말로 빠져 있었는지 물어보았다. 그녀의 딸은 그랬다고 대답했다. 그러고는 그녀는 오상이 전에는 빠져 있었고 지금은 그림에 나타나 있다고 맹세했다. 그러나 인간의 마음은 그 마음 스스로에게 함정을 두고는 진실을 의심하게 되는 일이 종종 일어난다. 그녀는 아마도 오상은 처음부터 거기에 있었을 것이라고 다시 한번 의심하기 시작한 것이다.

이루어진 기적이 가볍게 다루어지지 않도록 하기 위해 전능하신 하느님은 이제는 또 다른 기적을 일으키셨다. 그래서 그 표시는 즉시 사라지고 그림은 그것의 특권을 잃어버린 채 남게 되었다. 이렇게 함으로써, 이 두 번째의 기적이 첫 번째의 기적을 증명한 것이다.

5. 카탈로니아의 레리다에 성 프란치스꼬를 대단히 존경하는 요한이라고 불리는 한 남자가 어느 저녁 길을 따라가고 있었는데, 그곳

에는 그를 죽일 의도로 매복자가 숨어 있었다. 요한 자신은 한 사람의 원수도 없었으나, 그 습격은 그와 대단히 닮은 그의 동료에게 하려고 계획되어 있었던 것이다. 습격자들 중 한 사람이 숨어 있던 곳에서 튀어나와 요한을 자기의 적이라고 생각하고 그를 칼로 매우 심하게 찔러 그는 회복되리라는 희망이 없게 되었다. 그가 받은 바로 첫 번째 타격은 그의 어깨와 팔을 몸통에서 거의 완전히 갈라놓았으며 또 다른 타격은 그의 가슴을 찔러 너무도 깊은 상처를 내어 터져 나오는 호흡은 아마도 대여섯 자루의 촛불 정도는 불어 꺼버릴 수 있었을 것이다.

의사들은 그를 살릴 수 없다고 믿어 버렸다. 그의 상처는 곪고 있었으며, 악취가 너무도 나서 그의 아내마저도 거의 견딜 수가 없었다. 그 어떠한 인간의 구원책도 그에게는 무용했다. 그래서 그는 성 프란치스꼬에게 의지하여 중재해 줄 것을 그가 할 수 있는 한 열심히 간청했다. 심지어 그는 병으로 심한 고통을 당하는 동안에도 계속 그와 복되신 동정녀께로 자신을 몰아세웠다. 그가 완전히 의식을 차리고 계속해서 프란치스꼬의 이름을 되부르면서 혼자 고통의 병상에 누워 있었을 때 그 병자에게 그렇게 보였는데, 작은 형제회의 수도복을 입은 한 사람이 창문으로 들어와 그의 곁에 섰다. 그 사람은 그의 이름을 부르며, "네가 나를 믿었으므로 하느님께서 너를 구하시리라"라고 말했다. 죽어가던 그 사람이 그에게 누구냐고 묻자, 그는 자기가 성 프란치스꼬라고 대답하고는 즉시 그에게 구부리고 그의 붕대를 풀었다. 그러고는 그의 상처에 연고를 바르는 것 같았다. 구세주의 오상으로부터 치유의 능력을 끌어낸 그 거룩한 손의 감촉을 요한이 느끼는 순간, 그의 육신은 다시 새로워지고 고통은 사라졌다. 그래서 그의 상처는 아물게 되고 그는 완전히 건강을 회복했다. 그런 다음 성인은 사라졌다. 자신이 나았다는 것을 깨닫고는 요한은 자기 아내를 부르며 기쁨에 넘쳐 하느님과 성 프란치스꼬에게 찬미를 드렸다. 다음날 장례를 치러야만 되리라고 생각하고 달려온 그의 아내는 남편이 두 발을 딛고 서 있는 것을 보자 그만 아연해졌고, 그녀의 비명소리가 온 주위 동네에 퍼져갔다. 나머지 가족들이 도착했을 때 그들은 요한이 미쳐 버렸다고 생각하고는 그를 다시 침대로 되돌려 보내려고 했다. 그러나 그는 말을 들으려 하지 않고 자신이 나았다는 것을 보여주고자 애썼다. 그들 모두가 너무 놀란 나머지 미쳐 버린 것 같았으며 자기들이 뭔가 착각하고 있다고 생각했다. 그들은 그가 무시무시한 상처를 입어 살이 썩어들어가는 것을 보았던 것이 불과 몇시간 전이었다. 그런데 지금은 그가 가장 건강한 상태이며 스스로 기쁨에 넘쳐 있는 것을 보게 된 것이다. "두려워하지 마시오" 하고 그는 그들에게 말했다. "당신들이 뭔가 착각하고 있다고 생각지 마시오. 성 프란치스꼬께서 방금 나에게서 떠나가셨는데 그분이 바로 그 거룩한 손을 대어 나의 모든 상처를 낫게 하신 거요." 그 기적의 소식이 두루 퍼지자 모든 사람들이 직접 보고자 찾아와서 성 프란치스꼬의 오상이 일으킨 기적을 보고는 기쁨과 감탄에 가득 차 그리스도의 십자가를 진 분에게 큰 소리로 찬미드렸다.

프란치스꼬는 그리스도 – 선하신 가운데 우리를 위해 죽으시고 죽은 자에서 다시 기적적으로 일어나, 그의 성흔의 힘으로 상처입고 반 죽은 상태로 남아 있던 그 인류를 치유하셨다 – 의 오상을 지니게 되었다. 그러므로 이 세상에는 죽고 그리스도와 함께 살았던 그

가 상처입은 사람에게 기적적으로 나타나 자신의 손을 갖다 댐으로
써 그를 낫게 한 것은 오로지 당연할 뿐인 것이다.

6. 아뿔리아의 포덴짜에 존경할 만한 사람이며 대성당의 주교좌 참
사위원인 루쩨로라는 성직자가 있었다. 그는 병이 들어 있었으며 하
루는 기도하러 성당에 들어갔다. 거기에는 오상이 나타나 있는 성
프란치스꼬의 그림이 하나 있었는데 그는 이 거룩한 기적에 대해 의
심을 품게 되었다. 왜냐하면 그것은 너무도 생소한 것이고 불가능하
게 보였기 때문이다. 의심의 상처가 그의 마음을 꿰뚫고 그의 생각
이 온갖 종류의 근거없는 생각에 사로잡혀 있을 때 그는 갑자기 장
갑을 낀 왼손에 큰 타격을 느꼈다. 동시에 그는 마치 석궁으로 쏘아
올린 화살의 소리 같은 것을 들었다. 그는 그 소리에 아연실색했으
며 자기 손에 통증을 느꼈다. 그는 자신이 들은 소리와 느낀 감촉으
로 감지한 것을 직접 눈으로 보기 위해 장갑을 벗었다. 그전에는 자
기 손에 상처의 흔적이라곤 없었는데, 그러나 지금은 손바닥 중앙에
마치 화살에 맞은 것 같은 상처가 나 있는 것이 보였다. 통증이 하도
심해서 기절할 것 같은 생각이 들었다. 말하긴 이상하나 장갑에는
아무런 상처의 흔적이 없었다. 아무런 표시 없이 입은 상처의 고통
은 바로 그의 마음속에 있는 의심의 숨은 상처에 대한 인과응보였던
것이다. 끔직한 고통으로 몹시 괴로운 채 그는 이틀 동안 모든 사람
에게 자신이 얼마나 믿지 못하였던가를 외치고 얘기하며 돌아다녔
다. 그는 성 프란치스꼬의 오상을 믿는다고 증언하였으며, 의심의
모든 그림자는 사라져 버렸다고 맹세하였다. 그는 성인에게 당신의
오상으로 자신을 도와달라고 겸손히 간청하며 눈물을 흘리면서 마

음에서 우러나오는 기도에 한층 열심을 더하였다. 일단 그가 자신의 불신을 버리고 자신의 마음이 치유되자 그의 손도 역시 치유되었다. 통증은 사라져 그는 더 이상 그것이 타는 것 같은 것을 느끼지 않았으며, 타격의 흔적도 없었다. 하느님의 사랑스런 섭리에 의해 그의 영혼에 있는 가려진 병은 그의 육체를 눈에 보이게 썩게 함으로써 낫게 된 것이다. 그리고 일단 그의 영혼이 낫게 되자 그의 육신도 역시 낫게 된 것이다. 그는 겸손하게 되었으며 종교적인 의무에 열심하게 되었고 수도회와 성 프란치스꼬의 훌륭한 친구가 되었다. 이 공적인 기적은 맹세로써 증명되었으며 또한 우리는 주교의 인장이 찍힌 한 편지로써 그것을 알게 되었다.

따라서 오상에 대해서는 아무런 의심이 있을 수 없다. 하느님은 선하시기 때문에, 이러한 종류의 선물이 그분의 선하심과 조화되지 않는다는 듯이 성미가 뒤틀린 표정을 보이는 일은 있을 수 없는 것이다. 그리스도의 많은 지체들이 그들의 머리에 프란치스꼬처럼 세라핌적 사랑으로 밀착되어 있다. 그래서 그들은 전시처럼 무기를 지님이 합당하다는 것이 드러날 것이고 천국에서 똑같은 영광으로 들어올려질 것이다. 그 누구도 바른 마음을 가지고서는 이것이 그리스도의 영광을 위한 것이 아니라고는 결코 주장할 수 없을 것이다.

<h2>2 다시 살아난 사자(死者)들</h2>

1. 베네벤토 가까이의 마라노 산에서 성 프란치스꼬에게 특히 헌신했던 한 여인이 죽었다. 그날 밤에 많은 신부님들이 장례 의식을 행하러 왔으며 죽은 이의 기도를 노래했다. 그런데 거기서 그들 모두가 똑똑히 보는 가운데 그 여인은 침대에 일어나 앉아서 그들 중 자기의 삼촌인 한 사람을 불렀다. "신부님, 나는 고백하고 싶습니다" 하고 그녀는 그에게 말했다. "나의 죄를 들어주십시오. 나는 죽어 잔인한 감옥으로 저주받아 떨어졌습니다. 왜냐하면 내가 당신께 고하고자 하는 죄를 결코 고백하지 않았었기 때문입니다. 그러나 성 프란치스꼬께서 나를 위하여 기도해 주셨습니다. 이는 내가 살아 있을 때에 항상 그분께 헌신적으로 봉사하였기에 나는 다시 내 육신으로 되돌아오는 것을 허락받았습니다. 내가 이 죄를 고백하면 나는 영생을 누릴 것입니다. 내가 그것을 고하고 난 그 순간 당신은 내가 나에게 약속된 보상의 곳으로 가는 것을 보게 될 것입니다." 그러고는 그녀는 겁에 질린 신부에게 두려워하며 고백을 하고 죄사함을 받았다. 이것을 마친 그녀는 침대에서 마음을 가라앉히고 행복하게 죽었다.

2. 아뿔리아 산에 있는 뽀마리코에 매우 젊은 외동딸을 가진 아버지와 어머니가 살았는데 이들은 그 딸에게 전적으로 헌신하고 있었다. 그 딸이 심히 병이 들어 죽어버려서 또 다른 아이를 가질 희망이 없는 그녀의 부모는 그녀와 함께 죽으리라 맘먹었다. 그들의 친구와 친척들이 그 비극적인 장례식에 모였다. 그러나 그녀의 어머니는 표현할 수도 없는 슬픔에 압도되어 완전히 괴로움 속에 넋을 잃은 채 무슨 일이 일어나고 있는지 전혀 모른 채 거기에 혼자 누워 있었다. 그때 성 프란치스꼬가 슬픔에 사로잡힌 그 여인을 방문하러 또 다른 수사를 동반하고 왔다. 그는 그녀가 자기에서 헌신했던 것을 알고 있었다. 그래서 그는 그녀에게 부드럽게 말을 걸었다. "울지 마시오. 그를 위해 당신이 울고 있는 당신 생명의 빛은 나의 중재로 당신에게 되돌아올 것이오"라고 그는 말했다. 그녀는 즉시 일어나 그들 모두에게 성인이 말한 것을 전했다. 그녀는 그 시체를 치우는 걸 반대했다. 그 대신에 그녀는 완전한 신뢰를 가지고 성 프란치스꼬의 이름에 의지하여 도움을 간구하며 죽은 딸의 손을 잡았다. 그들 모두 다 놀랍게도 그녀는 살아 일어났으며 건강했다.

3. 노체라 움브라에 있는 수사들이 베드로라는 사람에게 마차를 빌려줄 것을 청했다. 그들은 그것이 잠시 필요했던 것이다. 그런데 그 사람은 어리석게도 거절했다. 그는 그들을 모욕했으며 성 프란치스꼬에 대한 불경스런 말을 내뱉었다. 왜냐하면 그들이 그의 영예로 희사를 청했기 때문이었다. 그러나, 그런 후 거기서 당장 일어난 것처럼, 그는 하느님이 성인의 원수를 갚으실까 두려워했기 때문에 자신의 어리석음을 후회했다. 그의 맏아들이 병들게 되어 잠시 후에

죽어 버렸다. 그 가엾은 사람은 땅에 몸을 던지고는 눈물로 성 프란치스꼬에 간청했다. "죄를 범한 사람은 나입니다. 사악하게 말한 자는 나입니다. 당신은 나를 벌하셨어야 했습니다. 거룩한 성인이여, 내가 불경을 범했을 때 당신이 그를 데려가셨듯이, 내가 회개하오니 나의 아들을 내게 돌려주십시오. 나 자신을 당신께 드리겠습니다. 나는 항상 당신께 봉사하겠습니다. 나는 당신 이름을 기려 그리스도께 희생의 찬미를 바치겠습니다"라고 그는 말하였다. 이러한 말에 그 소년은 일어나서 그에게 울음을 그치라고 말했다. 그는 자기가 육신을 떠났을 때 성 프란치스꼬가 자신을 맡아 있었으며 마침내 자신을 다시 되돌려주었다고 설명했다.

4. 로마의 한 공증인에게 일곱 살 난 아들이 있었는데 그는 그의 어머니가 성 마르꼬 성당을 방문하러 가는 길에 따라가고 싶었다. 그러나 그녀는 그에게 집에 있도록 했다. 그래서 그 소년은 성의 유리창에서 뛰어내려 많은 상처를 입어 즉시 죽었다. 그의 어머니는 별로 멀리 가지 않아 그 소음을 듣고는 무슨 일이 일어났는가 의혹이 들었다. 그녀는 되돌아 뛰어와 자기 아들이 이토록 비극적인 모습으로 자기에게서 떨어져 나간 것을 보고는 즉시 자신을 탓하였으며 그녀의 외침은 모든 이웃고을 사람들을 슬프게 했다. 작은 형제회에 속하는 라오라 불리는 한 수사가 설교하기 위해 그 성당으로 가던 길이었다. 그는 그 소년에게 가보고는 그의 아버지에게 자신있게 물었다. "당신은 그분 자신의 십자가로써 사람들에게 생명을 되돌려주시는 그리스도께 지녔던 성 프란치스꼬의 사랑으로 인해, 성 프란치스꼬가 당신의 아들을 죽은 이들로부터 일으킬 수 있다고 믿습니

까?” 그 아이의 아버지는 그것을 믿고 있으며 또 그것을 충실히 고
백할 준비가 되어 있다고, 덧붙여 만일 그의 중재를 통해 하느님으
로부터 그와 같은 사랑을 받을 가치가 있다는 것이 드러난다면 자기
의 여생을 성인께 봉사하겠노라고 말하였다. 그러자 그 수사는 자기
동료와 부복하여 기도를 드리며, 옆에 선 사람들에게도 자기들과 함
께 하라고 청했다. 그렇게 하자 그 소년은 하품을 하기 시작했다. 그
러고는 그는 눈을 뜨고 양팔을 들어올리고 일어섰다. 그는 그들이
모두 보는 앞에서 즉시 걸을 수 있게 되었다. 그래서 그는 성인의 놀
라운 힘으로 다시 한번 생명과 건강을 얻게 되었던 것이다.

5. 카푸아에 여러 다른 아이들과 볼뚜르노 둑에서 놀고 있던 한 소
년이 잘못하여 물에 빠졌다. 물살이 그를 즉시 아래로 끌어당겨 그
를 바닥의 모래 아래에 묻어버렸다. 그와 함께 놀고 있었던 아이들
이 외치기 시작하여 많은 무리가 둘레에 몰려들었다. 겸손히 그리고
경건히 그들은 성 프란치스꼬의 중재를, 즉 그에게 헌신하는 그 아
이의 부모들의 믿음을 사랑으로 굽어보사 그들의 아들을 죽음에서
구해줄 것을 간청했다. 그때에 약간 멀리서 수영하고 있던 사람이
이 외치는 소리를 듣고 무리에게 와서 어디에서 그 소년이 사라졌는
지 물었다. 그는 성 프란치스꼬의 이름에 간청하여 마침내 진흙이
그 소년 몸 둘레에 일종의 무덤을 지어놓은 지점을 알아냈다. 그는
그를 끌어내 물 밖으로 끄집어냈다. 그러나 슬프게도 그는 소년이
이미 죽었다는 것을 알았다. 그들은 모두 그가 죽은 것을 알 수 있었
으나 그래도 그들은 계속 울며 부르짖었다. “성 프란치스꼬여, 저
아이를 그의 아버지께 돌려주소서.” 심지어 거기에 있던 몇몇 유다

인들마저도 연민의 정에 북받쳐 따라 말했다. "성 프란치스꼬여, 그 아이를 그의 아버지께 돌려주십시오." 그들이 놀라고 기쁘게도 아무런 예고도 없이 그 소년은 일어섰다. 그는 그분의 힘으로 자기가 기적적으로 다시 생명을 얻은 것을 알기에 그분께 감사를 드릴 수 있도록 성 프란치스꼬의 성당으로 자기를 데려다달라고 그들에게 청했다.

6. 세사시의 알레 코로네라 불리는 동네에 한 집이 무너져 젊은 한 남자가 묻혀 즉시 죽어버렸다. 그 소음을 들은 사람들이 사방에서 달려와 들보와 돌을 들어올리고 그 죽은 사람을 그의 어머니께 돌려주었다. 그녀는 쓰디쓴 울음에 압도되어 자기가 할 수 있는 한 최선으로 부르짖었다. "성 프란치스꼬여, 성 프란치스꼬여, 나에게 내 아들을 돌려주십시오!" 곁에 섰던 사람들도 그녀와 합세하여 성 프란치스꼬의 도움을 간청했다. 그러나 그 희생자는 입을 열지도 않았고 살아 있다는 어떤 표시도 나타내지 않았다. 그래서 그 유해를 침대 위에 놓고 다음날 장례할 준비를 했다. 그러나 그의 어머니는 하느님과 그분의 성인의 공덕에 자기의 신뢰를 두고 만일 자기 아들이 되살아난다면 성 프란치스꼬의 제단을 새 천으로 덮겠노라고 맹세했다. 그런 후 한밤중쯤 되었을 때 그 젊은이는 하품하기 시작했으며 그의 몸이 따뜻해지고 건강하게 살아 일어나 앉았으며 하느님을 찬양하기 시작했다. 그는 그 성직자와 모든 사람들에게 하느님을 찬양할 이유를 말하였으며 그분과 성 프란치스꼬에게 기쁘게 감사드렸다.

7. 라구자 출신으로 제르란디노라는 한 젊은 청년은 포도철이 되어 포도밭으로 나갔다. 그는 포도주 통으로부터 포도주를 따라 몇 병 채우고자 포도주 짜는 기구 밑으로 몸을 구부렸다. 갑자기 나무 디딤축이 무너져 무거운 돌덩이가 그 위에 내리덮쳐 그의 머리는 치명적으로 으깨어졌다. 그의 아버지가 즉시 달려왔으나 그에게는 희망이 없어 살려 보려고 손도 쓰지 못하고 그대로 무거운 것에 눌린 채로 그를 놔두었다. 포도원 가꾸는 사람들이 그가 고통으로 외치는 소리를 듣고 달려와 그의 슬픔을 나누어 가지며 그의 아들을 그 부서진 것에서부터 끌어내었다. 그러나 그는 이미 죽어 있었다. 그의 아버지는 예수님의 발아래 자신을 던지고 그 축일이 가까워오는 성 프란치스꼬의 공덕을 통해 자기 아들을 되돌려달라고 겸손히 간구하였다. 그는 만일 자기 아들이 죽음에서 다시 살아난다면 자기는 아들과 함께 성 프란치스꼬의 무덤을 찾아가겠노라고 약속하면서 기도를 되풀이하고 훌륭한 일을 많이 하겠다고 맹세하였다. 몸 전체가 으깨어져 있었던 그 청년은 즉시 되살아나고 완전한 건강을 얻었다. 그는 기뻐하며 그들 모두 앞에 서서 그들이 울고 있는 것에 대해 꾸짖으며 자기는 성 프란치스꼬의 기도에 의해 다시 살아났다고 말했다.

8. 교황 그레고리오가 성인의 유해를 옮길 때 총회에 참석하고자 모여 있던 수사들에게 쓴 사도적 편지에서 말하고 있듯이, 성 프란치스꼬는 독일에서 또 다른 사람을 생명으로 일으켜 세웠다. 나는 그것에 대해 아는 바가 없기 때문에 이 기적에 대한 설명을 포함시키지 않았다. 그러나 나는 교황의 증언이 그 어떠한 기록된 설명보다도 더 가치가 있다고 믿는 바이다.

3 죽음의 위험으로부터 구한 사람들

1. 로마 근처에 로돌포라는 귀족과 대단히 신앙이 깊은 여인인 그의 아내가 있었는데 이들은 성 프란치스꼬에 대한 존경심과 사랑에서 몇몇 수사들에게 환대를 베풀었다. 그날 밤에 보초들 중 한 사람이 탑 꼭대기에서 잠이 들어버렸다. 그는 거기서 벽의 벽감에 놓여 있는 재목다발 위에서 쉬고 있었던 것이다. 갑자기 그 다발이 풀어져 그 보초는 성의 지붕 위로, 거기서 또다시 땅으로 떨어졌다. 온 집안이 그 무너지는 소리에 깨어나 그 보초가 떨어졌다는 것을 알고는 그 성 주인과 아내는 수사들과 뛰어나왔다. 자고 있던 그 사람은 너무나 깊이 잠이 들어 있어서 그는 심지어 두 번째 떨어졌을 때도 깨지 않았으며 사람들이 그 주위에서 외쳐대며 모여들었을 때도 깨지 않았다. 마침내 그들이 그를 끌어당기려 할 때서야 그는 깨어서는 잠을 못자게 된 데 대해 불평을 했다. 왜냐하면 성 프란치스꼬의 품에 안겨 평화스럽게 쉬고 있었기 때문이었다. 그들이 그에게 그가 어떻게 떨어졌는가 얘기해주자 그는 자기가 탑 꼭대기에 쉬고 있는 것이 아니라 땅 위에 있다는 것을 깨닫고는 아연실색했다. 그는 무슨 일이 일어났는지 전혀 기억하고 있지 않았다. 그러나 그는 그것

을 부인할 수가 없었다. 그때 그는 그들 모두 앞에서 하느님과 성 프란치스꼬에 대한 존경심에서 고행을 하겠다고 약속했다.

2. 캄파니아의 포피에서 토마라는 한 신부님은 자기의 성당에 속하는 물레방아를 수리하러 나갔다. 그는 물살이 세고 물이 깊은 해협 곁을 걸어가다가 사고로 물에 빠져 물레바퀴에 걸렸다. 그는 늑재에 걸려 옴쭉달싹 못하고서 물이 자기 입 위로 솟구쳐 오르는데 얼굴을 위로 향한 채 떠 있었다. 그는 한마디 말도 할 수 없었으나 슬픔에 잠긴 채 온 마음을 다해 성 프란치스꼬에게 간구하였다. 그는 오랫동안 거기에 있었으며 그의 동료들은 그에 대한 희망을 포기한 채 물레방아를 뒤로 가까스로 밀어붙였다. 이 때문에 그는 완전히 떠밀려져서 물속에서 양팔로 물장구를 치며 버둥거렸다. 그때 띠를 두르고 하얀 수도복을 입은 한 작은 형제가 부드럽게 그의 팔을 잡고 그를 물 밖으로 이끌어내고는 그에게 "나는 당신이 도움을 간청했던 바로 성 프란치스꼬요"라고 말했다. 그 신부는 성인이 사라져 버린 것에 망연해져서 그의 발자국에 키스하려 애썼다. 그는 동료들에게 "그분은 어디에 계신가? 어디로 성인이 가시던가? 어느 길로?"라고 물으며 애가 타 이리저리 뛰어다녔다. 그들은 모두 놀라 땅에 엎디어 하느님의 영광스러운 행위와 그분의 겸손한 종의 공덕을 찬미하였다.

3. 첼라노의 어린 소년들 여러 명이 한 버려진 우물이 있는 들에 약초를 캐러 갔는데, 그 우물은 깊이가 12피트나 되고 주위에 약초가 무성히 자라고 있었다. 소년들은 흩어져 들판을 이리저리 뛰어다녔

다. 그러나 그때 별안간 그들 중 하나가 넘어져 우물에 빠졌다. 그가 깊이 떨어졌을 때 그는 성 프란치스꼬에게 완전한 신뢰를 가지고 "성 프란치스꼬여, 나를 도우소서"라고 간청하며 마음속으로 성 프란치스꼬에게 의지했다. 다른 아이들은 온 사방으로 그를 찾으러 외치며, 부르짖으며, 이리저리 뛰어다녔다. 그가 우물에 빠졌다는 것을 그들이 발견했을 때 그들은 도움을 청하러 마을로 뛰어 되돌아가 일어난 일을 설명했다. 그들은 한 무리의 사람들을 데리고 되돌아와 그들 중 한 사람이 밧줄에 달려 우물 아래로 내려갔다. 거기서 그는 그 소년이 전혀 상처를 입지 않고 물 표면에서 쉬고 있는 것을 발견하였다. 그들이 그를 밖으로 끌어냈을 때 그는 그들 모두에게 말했다. "내가 빠졌을 때 나는 성 프란치스꼬의 보호를 간구하였어요. 그랬더니 그분은 즉시 나를 도와주려고 와 계셨어요. 그분은 손을 내밀어 나를 점잖게 붙잡고 당신의 도움을 받아 나를 우물 밖으로 끌어낼 때까지 그분은 결코 나를 떠나지 않았어요."

4. 후에 교황 알렉산드르 4세가 된 오스띠아 주교가 아씨시에 있는 성 프란치스꼬 성당에서 로마 꾸리아 앞에서 기도하고 있었을 때 높은 돌 복공 위에 아무렇게나 얹혀 있던 한 거대한 돌덩이가 제 무게에 못이겨 굴러 떨어져 한 여인의 머리에 부딪쳤다. 그들은 모두 그녀의 머리는 으깨어졌을 것이고 그녀는 즉시 죽었을 것이라 확신했다. 그래서 그들은 그녀가 입고 있던 외투로 그녀를 덮고는 설교가 끝나면 장례를 치르려고 그녀를 밖으로 들어낼 준비를 했다. 그러나 그녀는 성 프란치스꼬의 제단 앞에 놓여져 있었는데 그녀는 믿음성 있게 정신을 그에게 집중하였다. 설교가 끝났을 때 그녀는 안전하게

그리고 건강하게 그들 모두 앞에 일어섰다. 그리고 그녀에게는 아무런 상처의 흔적도 보이지 않았다. 그녀가 후에 증언한 대로 그녀는 여러 해 동안 거의 끊임없는 두통으로 시달렸었는데 그때부터 그녀는 두통에서 완전히 해방되었던 것이다.

5. 타르구이니아에 여러 사람이 종을 주조하기 위하여 수도원에 모였는데 8세 된 바르톨로메오라는 소년이 일하는 사람들을 위해 수사들에게 음식을 가져왔다. 바로 그때 큰 질풍이 그 집에 덮쳐 크고 무거운 문 한쪽이 떨어져 나와 그 소년 위에 심하게 내려앉았다. 그래서 그들은 그 무게로 인해 그 소년이 틀림없이 으깨져 죽어버렸을 것이라 믿었다. 그는 떨어진 문으로 완전히 덮여 모습은 조금도 보이지 않았다. 거기 있는 모든 사람들이 성 프란치스꼬의 힘있는 중재를 청하며 그 장소로 달려갔다. 그의 아버지는 땅에 앉아 슬픔으로 꿈쩍할 수도 없었다. 그러나 그는 그의 아들을 기도와 탄원으로 성 프란치스꼬에게 의탁하였다. 그들이 그 무거운 것을 소년에게서 들어올렸을 때 그는 죽기는커녕 마치 잠에서 깨어난 것처럼 행복하게 보였다. 그에게는 어떠한 상처의 표시도 없었다. 그가 열네 살이 되었을 때 그는 수사가 되어 후에 학식 있는 사람이 되고 널리 알려진 설교자가 되었다.

6. 렌티니 출신의 많은 사람들이 며칠 이내로 성 프란치스꼬를 기념하여 봉헌하기로 되어 있는 성당의 제단으로 쓰기 위해 한 채석장에서 거대한 바위를 잘라냈다. 거의 40명이나 되는 사람들이 그것을 짐마차 위에 실으려고 애쓰고 있었다. 그러나 여러 번 반복해서 애

쓰다가 그 바위는 그들 중 한 사람 위에 떨어져 그를 덮쳐버려 그는
마치 무덤 속에 갇힌 꼴이 되었다. 다른 사람들은 당황하게 되어 무
엇을 해야만 할지 몰랐다. 그래서 그들 중 대부분이 낙담해서 떠나
가 버렸다. 남아 있던 10명이 성 프란치스꼬에게 돌아서서 당신께
봉사하던 중이었던 사람을 그토록 끔찍하게 죽지 말게 할 것을 눈물
로 간청하였다. 그런 후 그들은 다시 기운을 차리고 다시 그 돌을 들
어낼 때 너무도 쉽게 움직일 수 있었기에 거기에 성 프란치스꼬의
손이 있었다는 데 대해 아무런 의심이 없었다. 그 남자는 안전하고
건강한 채로 일어섰다. 그의 시력은 그 사고 이전에는 대단히 나빴
는데 그러나 그때 시력을 완전히 회복해서 절망적인 경우에 있어서
성 프란치스꼬의 중재가 얼마나 강력한가를 모든 사람들에게 증명
했다.

7. 비슷한 사건이 마르케 안코나에 있는 산 세베리노에서 일어났다.
성 프란치스꼬 성당에 쓰려고 콘스탄티노플에서 가져온 한 거대한
바위를 많은 사람들이 쭉 끌어당기던 중 그때 갑자기 그 돌이 그들
중 한 사람 위에 덮쳤다. 그들은 그가 죽었을 뿐만 아니라 완전히 부
서졌을 거라고 믿었다. 그러나 성 프란치스꼬가 그를 도와주러 와서
그 돌을 일으켜 세웠기에 그는 아무런 해도 입지 않고 뛰어올라 그
돌을 안전하게 피했던 것이다.

8. 가에타 출신으로 바르톨로메오란 사람은 성 프란치스꼬를 기념
하여 한 성당을 짓는 데 많은 정열을 쏟았다. 그러던 중 자리에 잘못
놓였던 한 대들보가 떨어져 그의 목을 쳐 그는 심하게 상처를 입었

다. 그는 신앙심이 두터운 신자였기에 자신이 죽음의 문턱에 있음을 깨닫고 그는 병자성사를 영할 수 있기를 한 수사에게 청하였다. 그 수사는 그가 즉시 죽을 것이며 따라서 복된 성체를 영할 시간도 없으리라는 것을 확신했다. 그래서 그는 그에게 성 아우구스띠노의 말 "오로지 믿기만 하시오. 그러면 당신은 이미 그분을 받은 것입니다"를 그에게 말해 주었다. 그다음날 밤 성 프란치스꼬가 열한 명의 수사들을 동반하여 팔에 어린양 한 마리를 안고 그에게 나타났다. 프란치스꼬는 그의 침대로 다가가서 이름을 부르며 말했다. "바르톨로메오, 두려워하지 마시오. 악마는 당신이 나에게 봉사하지 못하도록 막고자 했소. 그러나 그는 당신을 이기지 못할 것이오. 이것은 당신이 간청하여 그 신실한 갈망으로 인해 당신이 받았던 바로 그 천주의 어린양이오. 그분의 힘으로써 당신은 몸과 영혼의 완전한 건강을 되찾을 것이오." 그러고는 성인은 자기 손을 그 죽어가는 사람의 상처 위에 대고 그에게 시작했던 일자리로 되돌아가라고 말했다. 바르톨로메오는 다음날 아침 일찍 일어나 지난번에 자신이 거의 반 죽어 있는 것을 본 사람들에게 행복하고 건강한 모습을 보여주었다. 그들은 놀라 넋을 잃었으나 그는 그 자기 자신의 실지 모범과 또한 성인이 일으킨 기적으로써 성인에 대한 존경심과 사랑을 갖도록 그들을 고취시켰다.

9. 하루는 체프라노 출신으로 니콜라스라는 한 남자가 그의 원수들의 손에 넘어졌다. 그들은 아주 사납게 그를 쳤으며 그가 죽었거나 아니면 거의 죽을 지경에 다다랐다고 확신할 때까지 해치고 또 피해를 입혔다. 그러나 첫 번째 맞았을 때 니콜라스는 "성 프란치스꼬

여, 나를 도우소서. 성 프란치스꼬여, 오셔서 나를 도우소서"라고
외쳤다. 많은 사람들이 멀리서 그의 소리를 들었다. 그러나 그들은
그를 돕기 위해 아무런 일도 할 수 없었다. 마침내 그는 피투성이가
된 채 집으로 옮겨졌는데 그는 그 상처로 인해 죽지 않을 것이라고
자신있게 주장했다. 그는 덧붙여 자기는 그때 아무런 고통도 느끼지
않았는데 이는 성 프란치스꼬가 그를 도와주러 와서 하느님께 그에
게 회개의 시간을 주실 것을 설득시켰기 때문이라고 말했다. 결과는
그의 말이 맞다는 것으로 증명되었다. 피를 씻어내자마자 그는 모든
사람들의 예견과는 정반대로 완전히 나았던 것이다.

10. 산 제미냐노 성 출신의 한 귀족 아들이 병이 대단히 심하게 들
어 회복될 희망은 없이 최후의 순간에 다다랐다. 눈으로부터 핏줄기
가 마치 사람 팔의 잘린 혈관에서 솟아나오는 것과 똑같이 흘러나왔
으며, 또한 죽음이 가까워졌다는 여러 다른 표시들도 그의 몸에서
볼 수 있었다. 그들은 그가 실제적으로 죽었다고 믿었다. 그의 호흡
은 대단히 약했고 모든 기력이 사라져 그는 움직일 수도 없었고 감
각도 없었다. 그는 정말 죽은 것처럼 보였다. 친구들과 그의 부모들
의 친척들이 늘상 그랬듯이 애도하러 왔으며 그들은 장례식 이외의
것은 생각할 수도 없었다. 그러나 그 소년의 아버지는 하느님께 신
뢰를 갖고 마을에 있는 성 프란치스꼬의 성당으로 달려가 거기서 자
기 목에 밧줄을 묶고 땅바닥에 겸손히 자기 자신을 던졌다. 그가 기
도와 맹세를 거듭거듭 함으로써, 한숨과 눈물에 의해 그는 성 프란
치스꼬를 그리스도 앞에서 자신의 변호자로 모시기에 합당하다는
것이 드러났다. 그는 집으로 돌아가 자기 아들이 건강해진 것을 보

았다. 그래서 그의 슬픔은 기쁨으로 바뀌었다.

11. 하느님은 성 프란치스꼬의 중재로 비슷한 기적을 카탈로니아에 있는 다마리뜨라고 불리는 마을에 사는 한 소녀와 안코바에 사는 다른 사람을 위해 일으키셨다. 이들은 둘 다 대단히 병이 심해 죽을 지경에 도달해 있었는데 그들의 부모가 믿음을 갖고 성 프란치스꼬에게 간구하여 그는 그들에게 즉시 완전한 건강을 회복시켜 주었던 것이다.

12. 비깔비 사람으로 마태오라 불리는 한 성직자는 독약을 먹어서 너무 아파 말을 할 수가 없었다. 죽는 걸 기다리는 수밖에 달리 도리가 없는 것같이 보였다. 한 신부가 그에게 고백성사를 받게 하려 했으나 그는 그에게서 한마디 말도 들을 수가 없었다. 그러나 마태오는 마음속으로 그리스도께 기도했으며 그분께 성 프란치스꼬의 중재에 의해 자기를 죽음의 힘에서 구해달라고 간청했다. 하느님은 그에게 힘을 주셨으며 그리고 그가 모여 있던 사람들 앞에서 성인의 이름을 경건히 말하는 순간 그는 독을 토해 내고 자신을 구해 준 성인에게 감사를 드렸다.

1. 조난하여 바를레타에서 10마일이나 떨어져 있던 한 배의 승무원들은 거의 희망을 잃어버렸다. 그리고 폭풍이 더 심해지자 그들은 닻을 내렸다. 그러나 강풍 속에서 파도가 점점 더 높아지자 닻줄이 떨어져 나가고 닻을 잃어버렸다. 그래서 그들은 파도에 밀리는 대로 이리저리 떠다녔다. 마침내 하느님의 섭리에 의해 폭풍이 지나가고 선원들은 닻을 보수하기 위해 자기들이 할 수 있는 모든 것을 할 준비를 했다. 떨어진 밧줄은 여전히 수면 위에서 떠다니고 있었다. 그들이 자기들만의 힘으로는 아무것도 할 수 없음을 깨닫고 모든 성인께 차례로 간구하였다. 그러나 그들은 땀으로 흠뻑 젖은 가운데 하루종일 걸려도 한 가지조차 복구할 수가 없었다. 선원 중의 한 사람으로 생활에 있어서 완전한 것과는 동떨어진 사람이었지만 이름이 페르펙토(완전한 자란 뜻)라는 사람이 있었는데 그가 동료들에게 농담조로 이렇게 말했다. "자, 당신네들은 모든 성인들께 차례로 빌어 보았지만 그들 중 한 사람도 우리를 도와주러 오지 않았소. 이제 프란치스꼬에게 한번 해봅시다. 그는 그들 무리에 새로 들어간 사람이오. 그가 바다에 뛰어들어가 우리의 닻을 구해 줄지 누가 알겠소?"

다른 사람들은 그의 말을 농담으로가 아니라 진정으로 받아들이고
는 페르펙토의 모욕적 언사를 꾸짖으며 성인과 즉각적인 약속을 했
다. 그러자 당장 거기서 닻이 갑자기 마치 그 쇠가 나무처럼 가볍게
되기라도 한 듯 수면 위로 둥둥 떠올랐다.

2. 배로 해외에서 돌아오던 중인 한 순례자는 심한 열을 앓아 기진
맥진해 있었다. 그는 성 프란치스꼬에게 깊이 헌신하였으며, 그를
천국에 있는 성인들 가운데서 자기의 후견인으로 택하고 있었다. 그
는 병에서 완전히 회복하지 못하여 타는 듯한 갈증으로 시달리고 있
었다. 배 위에는 남아 있는 물이 없었으나 그는 큰 소리로 외치기 시
작하였다. "가서 물을 나에게 갖다주오. 주저하지 마시오. 성 프란치
스꼬께서 내 조롱박에 물을 가득 채워 주셨소." 정말로 좀 전까지 빈
채로 내팽개쳐져 있던 그의 조롱박이 물로 가득 차 있는 것을 그들은
발견하였다. 또 다른 날 태풍이 일어나 파도가 배 위로 덮치고 배는
질풍으로 부서지고 있어서 그들은 파선을 당할까 두려워하고 있었
다. 그러자 그 아픈 사람은 그 배 전체에 고함을 치기 시작했다. "일
어나시오! 성 프란치스꼬를 만나러 오시오. 그분은 지금 우리에게 오
고 계시오. 그는 우리를 도우려고 여기 계시오." 그러고는 그는 큰
소리로 울며 눈물을 홍수처럼 흘리며 무릎을 꿇었다. 성인을 보는
순간, 그는 즉시 건강을 회복하였으며 바다는 고요하게 되었다.

3. 리에띠의 야고보 형제는 여러 명의 수사들과 함께 조그만 배를
타고 강을 건너가고 있었다. 둑에 다다라 그들은 먼저 내려섰다. 그
러고 난 후 그가 배를 내려서려는 바로 그때 배가 우연히 전복되었

다. 사공은 수영을 할 줄 알았으나 그 수사는 즉시 가라앉아 버렸다. 마른땅 위에 있던 수사들은 성 프란치스꼬에게 탄원하며 눈물로 그가 어서 그의 아들을 도와달라고 빌었다. 깊은 강물 속에서 야고보 형제는 말하려고 해도 입을 열 수가 없었다. 그러나 그는 온 마음을 다하여 성 프란치스꼬의 도움을 간원했다. 그러자 성 프란치스꼬는 그를 돕고자 거기에 있었고, 강 밑바닥을 마치 마른땅인 양 걸어서 그 침몰한 배를 들어올려 해변으로 갖다주었다. 그의 옷은 완전히 말라 있었으며 한 방울의 물도 그의 수도복에 없었다.

4. 보나벤뚜라라 불리는 한 수사가 다른 두 사람과 호수를 건너고 있었는데 배 안에 실은 목재가 물살 때문에 떠밀려 가자 그들도 그것과 함께 가라앉았다. 호수 속에서 그들은 신뢰심을 갖고 성 프란치스꼬에게 자기들에게 자비를 베풀어 달라고 간청하였다. 그러자 배는 물이 가득찬 채로 갑자기 수면 위로 떠올라 그들은 성인의 가호 아래 안전하게 육지에 닿았다.

아스꼴리 출신으로 강에 빠진 한 수사도 비슷한 방법으로 성 프란치스꼬에 의해 구출되었다.

피에딜루꼬 호수에서 같은 위험에 처해 있었던 한 무리의 남녀가 성 프란치스꼬의 이름으로 간청했을 때 위험에서 구조되었다.

5. 여러 명의 안코나 뱃사람들이 격렬한 태풍 속에서 침몰할 절박한 위험 가운데서 이리저리 떠밀리고 있었다. 그들은 희망이 없어 성 프란치스꼬에게 자기들을 도와달라고 빌었다. 그러자 하나의 큰 빛이 그들의 배 위에 나타나 바다는 기적적으로 고요해졌다. 마치 성인이

당신의 비범한 능력으로써 바람과 바다에도 명령할 수 있다는 듯이.

항해자들은 성 프란치스꼬에게 영광을 드렸고 그리고 지금도 여전히 그에게 영광을 드리고 있다. 그런 모든 기적들과, 그리고 모든 희망을 저버렸던 사람들을 그가 항상 도우러 왔던 것에 대해 내가 완전히 기술하는 것은 불가능하리라고 믿는다. 그가 땅 위에 있을 때조차도 모든 창조물이 원래 그렇게 하도록 의도되었던 대로 그에게 시중을 들었다. 그렇기에 지금 천국에서 파도에 대한 권한을 그가 누린다는 것도 놀라운 일이 아닌 것이다.

5 **석방된 죄수들**

1. 그리스에서 한 남자 하인이 그의 주인 앞에서 도둑질을 했다고 부당하게 피소되었다. 그의 주인은 그에게 쇠사슬을 채우게 하고는 가둬놓았다. 그러나 그 집 여주인은 그를 불쌍히 여겼으며 그에게 씌워진 죄에 대해 결백하다고 믿고 있었으므로 남편에게 그를 풀어주라고 애원했다. 그러나 고집센 그는 동의하지 않았다. 그래서 그의 아내는 성 프란치스꼬에게 의지하여 그 결백한 사람을 중재해 줄 것을 청했다. 불쌍한 이들의 보호자인 프란치스꼬는 즉시 응답하여 그 죄수를 방문하러 왔다. 그는 그의 굴레를 풀어주고 그의 감방문을 부수어 열어주었다. 그러고는 그의 손을 잡고 그를 밖으로 인도해 나와서 말하였다. "나는 성 프란치스꼬요. 당신의 여주인이 당신을 위해 나에게 간청하였소." 그 죄수는 놀랐으며 아래로 내려가는 길을 찾으려 애쓰며 절벽 꼭대기 주위를 이리저리 헤매었다. 그러자 그때 갑자기 그는 자신이 평평한 땅 위에 있는 것을 깨닫고는 그의 구원자의 능력에 감사드렸다. 그는 자기 고용주의 아내에게 되돌아가 이 기적에 대해 모두 그녀에게 말했다. 그래서 그녀는 그리스도를 사랑하는 데, 그리고 성 프란치스꼬에 대해 전심하는 데 그전보다 더욱 열심하게 되었다.

2. 성 베드로의 마사 마을의 한 가난한 사람은 한 기사에게 얼마의 돈을 빚졌다. 가난한 그로서는 그에게 갚을 길이 없어서 그는 그 돈을 되찾으려는 채권자에 의해 구속이 되었다. 그는 그에게 성 프란치스꼬에 대한 사랑으로 자기를 불쌍히 여겨 한번 더 기회를 달라고 간청했다. 그러나 그 귀족은 오만하게 그의 간청을 경멸하며 성인과 그의 사랑을 마치 아무런 가치도 없다는 듯이 가벼이 넘겼다. "나는 성 프란치스꼬도, 그 누구도 당신에게 도움이 되지 못할 곳에 당신을 가두겠소" 하고 그는 외쳤다. 그는 정말로 그렇게 하려고 하여, 한 지하 감옥을 마련해서 그 죄수를 쇠사슬로 묶고는 그 속에 처넣었다. 잠시 후에 성 프란치스꼬가 거기에 와서 그 감방을 부수어 열었다. 그러고는 그는 그 죄수의 굴레를 풀고 그를 상처입지 않은 채로 집으로 안내했다. 그의 능력이 거만한 귀족을 이겼으며 자신에게 의탁했던 그 죄수를 구출하였던 것이다. 그리고 그는 그 기적으로써 그 기사의 자기 독단을 부드러움으로 변화시켰다.

3. 아레쪼 사람으로 알베르또라 불리는 사람은 자기가 결코 지지 않은 빚 때문에 감옥에 들어가게 되었다. 그래서 그는 성 프란치스꼬에게 모든 겸손을 다해 자신의 결백을 밝혔다. 그는 수도회에 대단히 애착심을 갖고 있었으며 성 프란치스꼬에 대해 다른 모든 성인들보다 더욱 특별한 존경심을 갖고 있었다. 그의 채권자는 하느님도 성 프란치스꼬도 그를 자기 손에서 풀려나게 할 수 없으리라고 불경스럽게 선언하였다. 그러나 성인의 축일 전날 밤 알베르또는 엄격한 단식을 지켰으며 자기 몫의 음식을 성 프란치스꼬에 대한 사랑으로 한 가난한 거지에게 주었다. 그날 밤 그가 깨어 있는 채로 누워 있을

때 성 프란치스꼬가 그에게 나타났다. 그가 감방으로 들어올 때 쇠
사슬은 죄수의 손과 발에서 떨어져 나갔고, 문이 저절로 활짝 열렸
으며, 한편 지붕으로부터 판석이 우르르 떨어져 내렸다. 알베르또는
자유의 몸으로 집으로 갔다. 그 후부터 그는 성 프란치스꼬께 바치
는 헌신을 계속했다. 그의 축일 전날 밤에는 단식을 했으며, 또한 해
마다 그를 기념하여 초 한 자루를 바쳤고, 해마다 점점 커가는 자기
의 헌신의 표시로 그것 외에 한 온스씩을 더 보태었다.

4. 그레고리오 9세가 교황이었던 당시 알리페 출신으로 베드로라는
사람이 이단으로 피소되어 로마에 있는 감옥에 갇혔다. 거기서 교황
은 그를 티볼리 주교에게 넘겨주며 잘 지키라고 하였다. 주교는 그
를 놓칠 경우 자기의 교구를 잃게 되기 때문에 그를 쇠사슬로 묶어
도망칠 길이 없는 어두운 지하감옥에 처넣었다. 거기서 그 죄수에게
음식과 마실 것이 주어졌다. 그때 그날이 성 프란치스꼬의 축일 전
날이라는 말을 듣고는 그는 기도와 눈물로 그에게 자기를 불쌍히 여
기기를 간원하였다. 이제 그는 자기의 신앙을 정화하였으며 모든 이
단을 포기하고 그리스도의 가장 충실한 종들 중의 한 사람인 성 프
란치스꼬에게 신심을 바치는 위탁자가 되었다. 그 결과 성 프란치스
꼬의 공로로 하느님께서 들어주시기에 합당하다는 것이 드러났다.
축제일 저녁 황혼 무렵에 성 프란치스꼬는 그를 불쌍히 여겨 그 감
옥 안으로 들어왔다. 그는 그의 이름을 부르며 그에게 일어서라고
말했다. 베드로는 놀라서 누구인가 하고 물었다. 그는 그가 성 프란
치스꼬라는 말을 들었다. 그때 거기서 성인의 현존의 힘에 의해 그
는 자기 발의 쇠사슬이 부서지는 것을 보았다. 동시에 그 감방의 돌

벽에서 빗장쇠가 몇 개 떨어졌다. 그래서 벽이 열리고 도망칠 수 있는 자유로운 길이 열렸다. 그는 자유로워졌으나 너무나 압도된 나머지 도망을 칠 수가 없었다. 대신에 그는 감방문 쪽으로 달려가 고함을 쳐서 감시자들을 놀라게 했다. 그들은 주교에게 어떻게 그 사람이 굴레에서 풀려났는가를 얘기하자 그는 전체 얘기를 다 듣고 난 뒤 직접 감옥을 방문했다. 거기서 그는 하느님의 능력이 작용했음을 분명히 깨닫고는 엎드려 그분을 경배했다. 그리고 쇠사슬을 교황과 추기경들에게 보였다. 그들은 일어난 일을 보고는 놀랐으며 하느님께 감사를 드렸다.

5. 산 제미냐노 성 출신 구이돌로또는 한 사람을 독살했다는 것과 그 아들과 그 나머지 가족들을 같은 방법으로 죽일 음모를 꾸몄다는 죄목으로 잘못 고소당했다. 그는 시장에 의해 구속되어 쇠사슬에 묶인 채 탑 속에 가둬졌다. 그러나 그는 하느님을 신뢰하며 자기의 명분을 후견인인 성 프란치스꼬에게 위탁하며 자기의 결백을 증거해 주는 일을 맡겼다. 시장이 죄수를 어떻게 고문해서 죄를 고백하게 할까, 또 어떻게 그를 죽게 할까 등을 생각하느라 바쁜 동안 성 프란치스꼬는 구이돌로또가 고문당하기로 되어 있는 그 전날 밤에 그를 찾아왔다. 그 죄수는 밤새도록 밝은 빛에 둘러싸인 채 지냈다. 그는 너무도 기뻤고 자신감에 차 있었으며 자기는 안전하리라고 확신했다. 아침에 고문할 사람들이 와서 그를 밖으로 끌어내 고문대 위에 올려놓았다. 거기서 그들은 그의 머리 위에 무거운 쇠뭉치를 쌓아올렸다. 그들은 고통을 반복해 줌으로써 그로 하여금 더 빨리 고백하게 할 양으로 수차례 그를 아래로 내렸다가는, 또다시 그를 일으켜

세웠다. 그러나 그 죄수는 그것을 모두 즐기는 것 같았고 그의 얼굴로 봐서 결백한 것이 분명했다. 그가 고통을 당하는 표시가 전혀 없자 그들은 그 사람 밑에 커다란 불을 지폈다. 그러나 그는 거꾸로 매달렸는데도 불구하고 머리카락 하나도 해를 입지 않았다. 그러자 그들은 끓는 기름을 그 사람 위에 부었다. 그래도 그는 자기 자신을 위탁한 보호자의 능력으로 그것을 모두 극복했다. 마침내 그들은 그를 놓아주어 그는 안전하고 건강하게 떠나갔다.

6 해산 때에 구원된 사람들

1. 달마치아에 훌륭한 태생으로 널리 알려져 있을 뿐만 아니라 매우 훌륭한 여인이었던 공작 부인이 있었다. 그녀는 성 프란치스꼬에게 깊은 경건심을 가졌으며 항상 그 수사들에게 매우 친절했다. 아이를 낳을 때가 되었을 때 그녀는 괴로움에 차 있었으며 고통이 매우 심해 아이의 출생은 분명 그 어머니의 죽음을 가져올 것같이 보였다. 자기가 죽지 않고서는 아이를 나을 희망은 없는 것같이 보였다. 아이가 태어남으로써가 아니라 자기가 죽음으로써 자기의 산고가 끝나기로 되어 있는 것 같았다. 그때 그녀는 성 프란치스꼬와 그의 힘과 영광을 기억해 냈다. 그녀의 신앙은 일어나고 그녀의 헌신은 불붙게 되었다. 그녀는 효력있는 도움을 주는 근원으로서, 충실한 친구로서, 헌신하는 이의 위로자로서, 그리고 고통당하는 자의 피난처인 그에게 향하였다. "거룩한 성 프란치스꼬여" 하고 그녀는 기도하였다. "나는 나의 온 마음을 다해 간청하오니 나를 불쌍히 여기소서. 나는 당신께 정신적으로 나의 맹세를 바칩니다. 나는 그것을 말로 표현할 수 없습니다." 성인은 즉시 자비를 보여주었다. 그런 말이 그녀 입에서 나오자마자 그녀의 온갖 고통은 끝났다. 그녀의 산

고도 끝나고 그녀는 아기를 낳았다. 그녀의 고통은 사라지고 그녀는 완전히 안전한 가운데 아기를 낳았던 것이다. 그녀는 자기가 한 약속을 잊지 않았으며 자기의 결심을 깨뜨리지도 않았다. 그녀는 아름다운 성당을 짓게 하여 그 공사를 끝마쳤을 때 성 프란치스꼬를 기념하여 그것을 수사들에게 주었다.

2. 로마 가까이 살고 있는 베아트리체라는 한 여인이 해산 예정일을 불과 며칠 앞두고 있었는데 이제 보니 그 아기는 죽은 지 4일이 되었다. 그 가엾은 여인은 괴로워서 죽음의 아픔이 덮치는 것 같았다. 그 죽은 태아는 그의 어머니를 무덤으로 몰고가는 것이었다. 낮의 빛조차도 보지 못하고 그것은 그의 어머니를 치명적인 위험으로 몰고갔다. 그녀는 여러 의사들에게 의지했으나 그녀를 위해서는 인간적인 구제책이 없었다. 그 불행한 여인은 우리의 원조들이 받은 저주를 자기가 받을 몫보다 더 많이 타고났던 것이다. 그녀 자신은 자기 소생의 무덤이 되게 되어 있었으며 더욱이 그녀 자신을 위해서도 무덤이 기다릴 뿐이었다. 마침내 그녀는 한 중개인을 통해 작은 형제회에 자신을 맡기고 그들에게 성인의 유품을 좀 달라고 간청했다. 하느님의 섭리에 의해 그들은 그가 한번 두른 적이 있는 띠의 조그만 조각을 우연히 발견하게 되었는데, 그것을 그녀 위에 놓자마자 고통은 그녀를 떠나고 그녀를 죽음으로 위협하던 태아를 낳았다. 그래서 그녀는 완전한 건강을 회복했다.

3. 움브리아 지방의 칼비 출신의 한 귀족 아내인 줄리아나는 아기들의 죽음으로 눈물로 세월을 보냈다. 그녀는 끊임없이 자신의 불행을

한탄하였다. 그들이 태어난 잠시 후면 그녀는 그렇게 어렵게 가졌던 모든 아이들을 각각 묻었던 것이었다. 이제 그녀는 임신한 지 4개월이었다. 그녀의 과거의 경험은 그녀로 하여금 아이의 출생보다 아이의 죽음에 대해 더 걱정하게 만들었다. 그러나 그녀는 성 프란치스꼬에게 믿음을 갖고 기도하며 아직 태어나지 않은 아이가 살 수 있도록 해 달라고 간청했다. 그 후 그녀가 잠들어 있던 어느 날 밤 꿈에 한 여인이 그녀에게 줄 한 아름다운 아기를 안고 나타났다. 줄리아나는 그 아기를 받기가 겁이 났다. 그녀는 곧 그 아기를 잃어버리고 말 것이 틀림없다고 믿었기 때문이다. 그러나 그 여인은 고집했다. "이 아기를 받으시오. 그리고 두려워하지 마시오. 성 프란치스꼬가 당신의 슬픔을 불쌍히 여기셨으니, 그 아기를 당신께 보내는 이는 바로 그분이오. 이 아기는 살아 완전한 건강을 누릴 것이오." 이에 줄리아나는 깨어났다. 그녀가 본 환시는 그녀에게 자신은 성 프란치스꼬의 보호를 받고 있다는 것을 깨닫게 했기에 그녀는 너무도 기뻤다. 그 때부터 아기의 생명을 위해서 그녀는 기도를 두 배로 드렸으며 많은 감사 예물을 바치겠노라고 약속했다. 이윽고 출산 때가 와서 그녀는 아들을 낳았다. 그 아기는 마치 성 프란치스꼬의 중재를 통해 생기를 더 많이 받은 것처럼 훌륭하고 튼튼한 아기였으며 그는 부모들에게 이전보다 더욱 그리스도와 그의 성인에게 헌신할 명분을 주었다.

성 프란치스꼬는 티볼리에서도 비슷한 기적을 일으켰다. 딸을 여럿 두고 있는 한 여인이 있었는데 그녀는 아들을 기다리다가 지쳐버렸다. 그래서 그녀는 기도와 감사의 예물을 성 프란치스꼬에게 드렸다. 그의 중재를 통해 임신해서 아들 하나만 요구했는데도 불구하고 그녀는 쌍둥이 아들을 낳았다.

4. 비테르보에 출산할 때가 된 한 여인이 곧 죽을 것같이 보였다. 그녀는 산고로 괴로워하고 있었으며 여자로서 받는 모든 고통을 당했다. 그녀의 육체는 점점 약해져 그녀에게 유익한 아무런 방도가 없었다. 그 후 그녀는 성 프란치스꼬에게 간청하여 구원을 받아 완전히 안전한 상태에서 아기를 낳았다. 자기가 원하던 호의를 일단 받자, 그녀는 자기에게 보여준 친절을 잊었으며 그것을 성 프란치스꼬의 영예로 돌리지 않았다. 심지어 그의 축일에 금지된 육체노동을 했다. 그러나 일을 하려고 오른쪽 팔을 뻗치자 팔이 뻣뻣해지고 시들게 되었다. 그녀가 다른 쪽 팔로 그 팔을 되돌려 굽히려 하자 그 팔도 역시 같은 꼴을 당했으며 손이 말라 시들었다. 하느님에 대한 두려움이 그녀를 사로잡았다. 그녀는 그녀의 약속을 다시 새롭게 했으며 배은망덕과 경멸의 죄로 잃었던 팔다리 씀씀이를 다시 회복했다. 이것은 다시 한번 그녀가 자신을 의탁한 겸손하고도 자비로운 성 프란치스꼬의 중재를 통해 일어났다.

5. 아레쪼 출신의 한 여인은 일주일 동안 산고를 겪고 있었으며 그녀의 생명은 위험에 빠졌다. 그녀의 피부는 검게 변하였으며 그들은 그녀에 대한 희망을 모두 포기해 버렸다. 그러나 그녀는 성 프란치스꼬에게 감사예물을 드렸으며 누워서 죽어가고 있으면서도 그의 도움을 간청하기 시작했다. 그녀가 그 약속을 한 순간 그녀는 잠이 들어 성 프란치스꼬가 자기에게 꿈속에서 말하고 있는 것을 보았다. 그는 그녀에게 자기를 알고 있는지 또 우리의 부인을 기념하여 "오소서 거룩하신 여왕이여!"라고 말할 수 있는지 물었다. 그녀는 그에게 자기는 그를 알 수 있으며 또 그 기도를 안다고 말했다. "그러면"

하고 성인은 말했다. "그것을 시작하시오. 그러면 끝마치기도 전에 당신은 안전하게 아이를 낳을 것이오." 이러한 말에 그녀는 잠이 깨어 두려움에 차서 말했다. "오소서, 거룩하신 여왕이여!" 그녀가 "당신 자비의 눈"이란 말을 했을 때 그리고 우리의 부인의 처녀 몸에서 난 아들을 말했을 때 그녀는 즉시 고통에서 풀려났으며 아름다운 아이를 낳았다. 그녀는 성 프란치스꼬의 중재를 통해 불쌍히 여겨 주신 선하신 자비의 여왕께 감사를 드렸다.

7 시력을 회복한 맹인들

1. 나폴리에 있는 수도원의 로베르또라는 한 수사는 수년간 장님이었다. 살이 눈 위에 돋아나 그는 눈꺼풀을 움직일 수 없었다. 많은 낯선 수사들이 세상 여러 지역으로 가는 길에 거기를 지나가고 있었는데 순종의 거울인 성 프란치스꼬는 그들의 여행길에 기적으로써 그들을 격려해 주고 싶었다. 그래서 그는 다음과 같은 방법으로 로베르또를 치료해 주었다. 어느 날 밤 그는 침대에 누워 있었는데 너무나 아파서 곧 죽을 것 같아 임종을 위한 기도도 이미 다 낭송하였다. 그때 성 프란치스꼬는 거룩함으로 뛰어났던 수사 세 사람, 즉 성 안토니오, 아우구스띠노 형제, 그리고 아씨시의 야고보 형제와 함께 나타났다. 이들은 살아 있을 때 그를 완전히 따랐으며 이제 죽은 후에도 그를 따라다니는 것이 너무나 기뻤다. 성 프란치스꼬는 칼을 잡고 지나치게 자라난 그 살점을 잘라내버려 로베르또에게 시력을 되돌려주고 그를 죽음의 목전에서 구해 주었다. "로베르또, 나의 아들이여" 하고 그는 말을 이었다. "내가 네게 해준 호의는 먼 나라로 가고 있는 수사들을 위한 하나의 징표요. 나는 그들을 앞서가서 그들의 발걸음을 안내할 것이오. 그들은 즐겁게 갈 것이며 자기들에게

주어진 명령을 모든 열심을 다해 수행해 낼 것이오.”

2. 그리스의 테베의 한 눈먼 여인은 성 프란치스꼬의 축일 전날 밤에 빵과 물만 먹으며 단식하였으며, 축일 아침 일찍이 그녀의 남편은 그녀를 수사들의 성당으로 데리고 갔다. 미사 도중에 그녀는 성체를 현양할 때 눈을 뜨게 되어 성체를 똑똑히 보았으며 경건히 찬양하였다. 그녀는 자신이 외치는 소리에 돌아보았던 모든 사람들에게 소리쳐 말하였다. “하느님과 그분의 성인에게 감사드릴지어다! 성체가 눈에 보여요.” 미사가 끝났을 때 그녀는 시력을 회복해서 영혼의 기쁨 속에서 집으로 갔다. 그녀는 단지 시력을 회복했기 때문이 아니라, 성 프란치스꼬의 공덕과 자기 자신의 믿음을 통하여 살아 계시고 참되시며 영혼의 빛이신 경배하올 성체를 처음으로 보았기 때문에 그녀는 행복했던 것이다.

3. 캄파니아 지방의 포피 출신으로 14세 된 소년이 갑작스런 병이 들어 왼쪽 눈을 완전히 잃었다. 괴로운 고통이 눈을 그 눈구멍에서 밀어내어 눈은 손가락 하나 길이만큼 힘줄에 달려 뺨을 따라 축 늘어져 달려 있었다. 그것은 완전히 일주일 동안 그렇게 남아 있었고 완전히 마르게 되었다. 남은 일이라곤 그것을 잘라버리는 것이었을 뿐 의사들은 희망을 갖지 않았다. 그때 그의 아버지는 온 마음을 다해 성 프란치스꼬의 도움을 간청했다. 성인은 어려움에 처해 있는 사람들을 돕는 것에 결코 싫증내지 않는다. 그는 즉시 자신의 탄원자를 도우러 재빨리 오신 것이다. 그는 눈이 원래 자리로, 그리고 이전의 건강한 상태로 돌아가게 회복시켰으며 그 소년에게 갈망하던 시력을 되돌려주었다.

4. 같은 지방에 있는 볼시의 카스트로에 무거운 재목더미가 높은 곳에서 굴러 떨어져 한 신부님의 머리를 내리쳐 그는 왼쪽 눈이 멀게 되었다. 그날은 성 프란치스꼬 축일 전날 밤이었다. 그는 땅에 누워서 슬픔에 젖어 큰 소리로 그에게 호소하였다. "거룩하신 사부님, 내가 당신의 형제들에게 약속한 것처럼 당신의 축제에 갈 수 있도록 나를 도우소서." 그러자 당장 그 자리에서 그는 완전히 나아서 일어섰으며 그는 기쁨과 찬미의 찬송가를 부르기 시작했다. 그래서 그에게 위로를 표했던 구경꾼들은 놀라고도 기뻤다. 그는 축제에 가서 모든 사람들에게 어떻게 자신이 성인의 자비와 능력을 경험했던가에 대해 얘기했다.

5. 몬테 가르가노 출신인 한 사람은 자기 포도원에서 장작을 패다가 자기 눈을 쳐서 눈이 두 쪽으로 갈라져 그 눈의 반이 눈구멍에서 밖으로 축 처져 달려 있었다. 그는 자신의 비참한 불행에 그 어떠한 인간도 도움을 줄 수 없다는 것을 믿었다. 그래서 그는 만일 성 프란치스꼬가 자기를 도와준다면 그의 축일에 단식할 것을 약속했다. 성인은 즉시 그의 눈을 원위치대로 회복시켜 주었으며 눈을 다시 결합시켜 그에게 시력을 되돌려주었다. 그래서 그 상처의 흔적도 남아 있지 않았다.

6. 태어날 때부터 장님인 한 귀족의 아들이 성 프란치스꼬의 중재로 시력을 얻었다. 그 결과로 그는 일루미나투스(빛을 받았다는 뜻: 역자 주)라 불렸다. 후에 나이가 들었을 때 그는 자기가 받았던 은총에 대해 배은망덕하지 않고 그 수도회에 들어갔다. 그는 은총과 덕행의 생활

에 있어서 매우 많은 진보를 하여 빛의 참된 자식같이 보였다. 그는
성 프란치스꼬의 공덕에 의해 마침내 생활을 거룩한 종말로 이끌어
갔다.

7. 아냐니 근처의 잔카토에 사는 제라르도라는 귀족은 완전히 장님
이 되어버렸다. 마침 외국에서 돌아오고 있던 두 명의 작은 형제가
우연히 그의 집에 이르러서 환대를 받게 되었다. 온 집안이 성 프란
치스꼬에 대한 존경심에서 그들을 따뜻하게 영접하였다. 그들은 잘
보살핌을 받고 하느님과 초대해 준 주인에게 감사를 드리고 나서,
이웃에 있는 수도원으로 여행을 계속했다. 그 뒤 어느 날 밤 성 프란
치스꼬는 그들 중 한 사람에게 꿈에 나타나 말하였다. "일어나 너의
동료와 함께 은인의 집으로 가거라. 그가 영접한 이는 바로 너희 안
에 있는 그리스도와 나였기에, 나는 그에게 그의 친절에 대해 갚고
싶다. 그는 과거에 결코 고백으로 속죄하려 애쓰지 않았던 죄의 결
과로 눈이 멀게 되었던 것이다." 그러고는 그는 사라졌다. 그 수사
는 그의 명령에 순명하여 즉시 일어나 그의 동료와 함께 그 사람의
집에 가서 그들의 은인에게 일어난 모든 것을 얘기했다. 그는 놀랐
으며 그들에게 그들이 말한 것은 사실이라고 말했다. 그는 감동되어
눈물을 흘렸으며 자진하여 고백을 하러 갔다. 그는 개심하기로 약속
하였으며 일단 그가 자신의 영혼을 정돈하자 그는 즉시 시력을 회복
하였다. 이 기적의 이야기는 어디에나 알려지게 되었으며 많은 사람
들을 감동시켜 성 프란치스꼬를 존경하게 하였으며 자신들의 죄를
겸손하게 고백하고 환대를 베풀게 했다.

7a. 도둑질을 했다고 잘못 고소된 어떤 사람이 아씨시의 시장 오타비아노에 의해 눈을 잃게 되는 벌을 받게 되었다. 형집행은 오토라는 기사와 일반 관리들에 의해 집행되었다. 그의 두 눈은 뽑혀지고 신경은 칼로 잘렸다. 그러고 난 후 그 불쌍한 남자는 성 프란치스꼬의 제단으로 옮겨졌는데 거기서 그는 성인의 자비를 탄원했다. 그는 자기가 결백하다고 주장하였다. 그래서 성인의 중재로 3일 만에 새로운 눈을 받았다. 그 눈은 더 작았지만 시력은 그전의 것과 똑같이 좋았다. 오토 기사가 이 비범한 기적을, 티볼리의 야고보 주교의 권한으로 이 사건을 조사하고 있던 산 클레멘테의 대수도원장인 야고보 앞에서 맹세하에 증언하였다. 또 다른 증인은 로마의 윌리암 형제인데, 그는 작은 형제회의 총장 신부인 예로니모 형제로부터 위증하면 파문당하게 될 것이라며 진실을 말하도록 명령을 받았다. 그는 많은 관구 신부들과 수도회의 다른 중요한 사람들 앞에서 맹세하여 증언하였는데 그는 자신이 아직 세속인이었을 때 문제의 사람을 보았는데 그때 그는 두 눈을 가지고 있었다고 말했다. 그 후 그 사람의 고문, 즉 그의 두 눈이 뽑혀졌을 때를 목격했으며 직접 자신이 그 두 눈이 땅에 놓여 있을 때 그것들을 조사해 보았으며 막대기로 뒤척여 보았다고 주장하였다. 그 후 그 사람이 하느님의 능력으로 두 눈을 회복하고 분명히 볼 수 있게 된 후에 그를 보았다고 증언했다.

8 여러 질병에서 치유된 사람들

1. 치따 델라 피에베에 거지이며 태어날 때부터 귀머거리이고 벙어리인 한 소년이 있었다. 그의 혀는 너무 짧고 얇아 그것을 조사했던 사람들은 거의 완전히 잘려져 나갔다고 생각이 들 지경이었다. 마르코라는 한 남자가 하느님에 대한 사랑으로 그를 자기 집으로 데리고 갔다. 그 소년은 은인을 발견했다는 것을 깨닫고는 종종 그와 함께 머물렀다. 하루 저녁 마르코가 아내와 저녁을 먹고 있을 때에 소년도 거기에 있었는데 그는 아내에게 말했다. "만일 성 프란치스꼬께서 그에게 청각과 말을 되돌려준다면 그것은 대단한 기적이 될 것이라고 생각하오." 그러고는 그는 계속해서 "만일 성 프란치스꼬께서 그렇게까지 해주실 만큼 선하시다면 나는 하느님께 엄숙히 약속드리는 바, 나는 저 소년이 살아 있는 한 그의 경비를 대어 줄 것이오"라고 말했다. 바로 그때 그 자리에서 소년의 혀가 자라나 말하기 시작했다. "영광의 하느님과 성 프란치스꼬께! 그분은 나에게 나의 말과 나의 청각을 되돌려주셨도다."

2. 이세오의 야고보 형제는 아버지의 집에서 살고 있었던 아직 소년

이었을 때에 심한 탈장으로 고통받고 있었다. 나이가 어리고 몸이 약함에도 불구하고 그는 성령에 의해 영감을 받아 성 프란치스꼬 수도회에 들어오게 되었다. 그러나 그는 아무에게도 자기의 고통을 얘기하지 않았다. 성 프란치스꼬의 몸이 현재 마치 귀중한 보물처럼 모셔져 있는 성당으로 옮겨지고 있었을 때 그는 그 의식에 참석하고 하늘에서 영광을 입은 성인의 신성한 몸을 향해 합당한 존경을 표했다. 거기서 그는 무덤으로 다가가 그것을 경건히 껴안았다. 즉시 그의 오관은 원래의 자리로 되돌아갔으며 그는 자기 병이 나았다는 것을 느꼈다. 그는 그때까지 하고 있었던 탈장대를 버렸으며 그 후로 그는 결코 어떠한 고통도 느끼지 않았다.

굽비오의 바르톨로메오 형제, 토디의 안젤로 형제, 체카노의 니콜라 신부, 소라의 요한, 피사 출신의 한 남자, 그리고 치스테르나 출신의 또 다른 남자, 시실리의 베드로와 다른 많은 이들과 함께, 아씨시 근처의 스펠로 출신의 한 남자는 하느님의 자비와 성 프란치스꼬의 중재에 의해 비슷한 병들을 치유받았다.

3. 5년 동안 정신병을 앓아온 라찌오 지방의 마리티마 사람인 한 여자는 시력과 청각을 잃었다. 그녀는 이빨로 자기 옷을 물어뜯곤 하였으며, 물도 불도 조금도 두려워하지 않았다. 게다가 급기야는 간질병이 생겼다. 그때 하느님이 그녀를 불쌍히 여기시어 어느 날 밤 그녀는 구원의 빛에 의해 기적적으로 교화되어서 높은 왕좌에 앉아 있는 성 프란치스꼬를 보았다. 그녀는 그 앞에서 땅에 엎드리고는 자기를 낫게 해 달라고 간절히 빌었다. 그가 자기의 청원을 들어주겠다는 아무런 표시를 보여주지 않자 그녀는 자기가 할 수 있는 한

하느님께나 혹은 성인에 대한 사랑으로 자기에게 청하는 누구에게
나 결코 희사할 것을 거절하지 않을 것을 약속하는 맹세를 바쳤다.
성 프란치스꼬는 즉시 아주 오래전에 자신이 하느님과 했던 계약을
상기하고는 십자가의 표시로 그녀를 축복하여 그녀에게 완전한 건
강을 회복시켜 주었다.

한 귀족의 아들과 또 다른 여러 사람은 물론, 노르치아의 한 소녀
도 성인에 의해 비슷한 병에서 구원을 받았다.

4. 폴리뇨 출신으로 베드로라는 한 남자가 성 미카엘 성지로 순례를
하던 중 순례자가 해야 할 존경심에 위배되는 한 과실을 범하고는
한 우물에서 물을 마셨다. 바로 그때 그곳에서 많은 마귀가 그 사람
속으로 들어갔다. 그 후 3년 동안 그는 마귀에 들려 무시무시하게
말을 하고 행동을 하는 한편 자기 몸을 찢었다. 그러나 그는 가끔 맑
은 정신이 들 때도 있어, 그때 마귀를 도망치게 하는 성 프란치스꼬
의 능력의 효험에 대해 들었다. 그는 모든 겸손을 가지고 그의 중재
를 간원하고는 그의 무덤으로 갔다. 무덤에 손을 댄 순간 그는 기적
적으로 자기를 괴롭히던 마귀에서 풀려날 수가 있었다.

성 프란치스꼬는 또한 나르미 출신으로 귀신 들린 한 여자와 많은
다른 사람들을 불쌍히 여겼다. 그러나 그들의 고통과 그것이 치료된
방법을 기술하는 건 너무도 시간이 많이 걸릴 것이라 불가능하다.

5. 파노 사람으로 중풍에 걸려 있는 보노모라는 문둥병자는 그의 부
모들이 성 프란치스꼬 성당으로 그를 데리고 가자, 이 두 가지 병이
완전히 나았다.

산 세베리노 사람으로 아토라고 불리는 한 젊은이는 문둥병균으로 덮여 있었는데 맹세를 드리고 성인의 무덤에 스스로 갔을 때 성 프란치스꼬의 공덕으로 인해 나았다.

성인은 이 병을 치료하는 데 특히 뛰어났다. 왜냐하면 겸손과 친절을 사랑하는 마음에서 나병환자를 돌보는 데 그는 자신을 바쳤었기 때문이었다.

6. 소라 교구에 로카타라 불리는 한 귀족 부인이 23년간 하혈로 고생을 하고 있었는데 여러 의사로부터 온갖 종류의 치료를 받았었다. 그녀의 상태는 대단히 심각해서 그녀는 곧 죽을 것같이 보였으며 또 혹 출혈이 멎을 때는 몸 전체가 부어 올랐다. 그때 그녀는 한 젊은이가 지방 사투리로 성 프란치스꼬를 통해 하느님이 일으키신 기적에 대해 노래 부르는 것을 들었다. 그녀는 슬픔에 압도되어 울음을 터뜨렸다. 그러자 그녀의 신앙심이 일깨워져 그녀는 이렇게 외치기 시작했다. "오 복되신 프란치스꼬 사부여! 당신은 그같이 위대한 기적들로 유명합니다! 만일 당신께서 선하심에서 내 병을 치료해 주신다면 당신은 이전보다 더욱 큰 영광을 누리실 것입니다. 왜냐하면 당신은 이와 같은 기적은 여태 이루시지 않았기 때문입니다." 그녀가 기도를 하자마자 그녀는 성인의 중재에 의해 병이 나았다.

성 프란치스꼬는 또한 팔이 마비된 그녀의 아들 마리오도 그들이 그를 기념하여 맹세를 드렸을 때 고쳐주었다.

7년 동안 하혈로 고통에 시달리고 있었던 시실리 출신의 한 여인도 역시 성인에 의해 병이 나았다.

7. 로마에 종교적인 열성으로 잘 알려져 있는 프라세데라는 한 여인이 있었다. 그녀는 그녀의 영원한 신랑에 대한 사랑으로 거의 40년 동안이나 조그만 방에서 살았다. 그래서 그녀는 성 프란치스꼬로부터 특별한 사랑을 받았다. 어느 날 필요한 물건을 가지러 자기 지붕 위로 올라가다가 거기서 그녀는 현기증이 나 떨어져서 다리와 발이 부러지고 어깨가 비뚤어져 버렸다. 그때 영광의 옷을 차려입은 성 프란치스꼬가 그녀에게 나타나 부드럽게 말하였다. "일어나라, 일어나라, 두려워하지 마라." 그는 그녀의 손을 잡아 일으켰다. 그러고는 그는 사라졌다. 그녀는 방 주위를 이리저리 살펴보고 자기가 발현을 보고 있었다는 걸 확신했다. 그녀의 외치는 소리에 사람들이 도우러 왔으며 한 빛이 비칠 때 그녀는 자신이 성 프란치스꼬에 의해 완전히 나았다는 것을 깨닫고는 이 일이 일어났던 대로 모든 것을 술회했다.

 성인의 축일을 안 지키고 그분을 공경하지 않던 사람들

1. 푸아티에 근처에 있는 러 시몽 마을에 성 프란치스꼬에게 큰 신심을 지니고 있던 레지날도라는 한 신부가 자기 본당 신자들에게 성인의 축일은 거룩하게 보내야 한다고 말했다. 그러나 그 본당 신자들 중 한 사람은 성인의 능력에 대해 아는 바가 전혀 없어 그 명령에 주의를 기울이지 아니했다. 그가 자기 땅에 있는 몇몇 재목을 베려고 나가서 일을 시작하려고 했을 때, 그는 "오늘은 거룩한 날이다. 일하는 것은 잘못이다"라고 말하는 목소리를 세 번이나 들었다. 그러나 그는 고집이 세어 신부의 권한도 기적의 목소리도 그를 멈추게 할 수 없었다. 그러자 하느님은 성인의 영예를 위해, 또 교회법을 어긴 자를 벌하기 위하여 당신의 능력을 보이는 또 다른 기적을 일으키셨다. 남자는 한 손에 쇠스랑을 들고 다른 손에 도끼를 쥐고 일을 시작하려고 도끼를 들어 올렸을 때 하느님의 능력에 의해 두 손이 도구에 꽉 달라붙어 버려 그는 자기 손가락을 뗄 수가 없었다. 그는 기가 막혀 어떻게 해야 좋을지 몰랐다. 그는 교회로 달려갔으며 사방에서 사람들이 이 기적을 보려고 모여들었다. 많은 사제들이 축일의 의식을 올리려고 모여 있었는데, 그들 중 한 사람이 그에게 제단

앞에서 회개의 행위를 드리라고 충고했다. 그는 모든 겸손을 다해 성 프란치스꼬에게 자신을 위탁하고는 세 번 목소리를 들었었기 때문에 세 가지 맹세를 드렸으니, 즉 하나는 성 프란치스꼬의 축일을 지키겠다는 것이며, 두 번째는 그날에 그 교회를 방문하겠다는 것이며, 세 번째는 성인의 무덤으로 순례를 하겠다는 것이었다. 그가 첫 번째 맹세를 드렸을 때 한 손가락이 자유롭게 되었으며, 두 번째 맹세를 드리고 난 다음으로 또 다른 손가락이 자유롭게 되었다. 세 번째 맹세를 드렸을 때 세 번째 손가락이 풀려졌으며 그러고는 그다음엔 손 전체가 풀려졌다. 거기에는 엄청난 군중들이 모여 있었는데 그들이 성인에게 자비를 구하는 기도를 드리자 그의 다른 편 손도 마침내 자유롭게 되었다. 그래서 그는 완전한 자유로 되돌아가게 되었으며 그는 자기의 도구들을 버렸다. 한편 그들 모두는 그에게 덮치고는 또 그처럼 놀랍게 그를 치유해 주신 당신의 성인의 기적의 힘과 하느님을 찬양하였다. 그 도구들은 사건을 기념하여 아직도 성 프란치스꼬의 제단 앞 거기에 걸려 있다.

거기와 또 인접 지역에서 일어났던 무수한 다른 기적들은 성 프란치스꼬가 하늘에서 얼마나 높은 지위를 누리는가를 보여주며, 그의 축일은 지상에서 얼마나 경건히 보내야 하는가를 보여준다.

2. 러 만스에 있는 한 여인은 성 프란치스꼬 축일에 물레질을 하여 북을 잡아 올렸다. 즉시 그녀의 손은 마비가 되었으며 그녀의 손가락은 타는 듯한 고통으로 쑤셨다. 이 벌이 그녀를 본심으로 돌아가게 하여 그녀는 성인의 힘을 깨달았다. 그녀는 진실로 뉘우치며 수사들에게 달려갔다. 그들은 성 프란치스꼬에게 그녀를 불쌍히 여겨

주시길 간구하였다. 그러자 그녀는 즉시 건강을 회복하게 되었다. 상처의 아무런 흔적도 그녀의 손에 없었으나 그녀의 손가락엔 일어났던 것을 상기시켜 주는 것으로서 탄 자국이 남아 있었다.

각기 캄파냐, 스페인의 발라돌리드, 피글리오 사람인 다른 세 여인도 성인의 축일을 지키지 않은 고집 때문에 벌을 받았다가 그들이 회개했을 때 성인의 중재로 기적적으로 구원받았다.

3. 마사 트라바리아 지방의 보르고 산 세폴크로 출신인 한 기사는 성 프란치스꼬의 기적을 경시하는 말을 하였다. 그는 성인의 무덤으로 오는 순례자들을 모욕하였으며 대중 앞에서 수사들을 조롱하며 그들을 비방하였다. 한번은 그가 성인의 명성을 공격할 때 신성모독죄를 덧붙여 범하게 되었다. 그는 "만일 이 프란치스꼬가 성인이라는 게 사실이라면 나는 오늘 칼을 맞고 죽기를. 만일 그것이 사실이 아니라면 나는 무사하길" 하고 말했다. 하느님의 분노는 그가 받아 마땅한 대로 그를 벌하는 데 지체하지 않았다. 왜냐하면 바로 그의 기도가 죄스러운 것이었기 때문이었다. 잠시 후에 그는 자기 조카에게 잘못하였는데 그 젊은 남자는 칼을 가지고 그를 찔러버렸던 것이다. 다른 사람들이 성 프란치스꼬의 기적들을 경건히 찬양하고 그것을 불경스럽게 공박하지 않아야 됨을 배우도록 악마의 노예이며 어둠의 자식인 그는 바로 그날 자기 죄중에 죽어버렸던 것이다.

4. 알렉산드로라 불리는 한 재판관은 사람들이 성 프란치스꼬를 존경하는 것을 막으려고 독에 찌든 혀로 할 수 있는 온갖 짓을 다 했다. 그 결과로 그는 신적인 심판에 의해 혀를 빼앗겨 6년 동안 벙어리인

채로 남아 있었다. 죄를 지었던 바로 그 기관으로 고통을 받으면서
그는 마음 깊이 뉘우치는 회개를 하게 되어 자신이 그처럼 성인의 기
적에 반대하여 큰 소리로 외쳐 대었던 것을 후회하였다. 성 프란치스
꼬는 그를 불쌍히 여겼으며 분노는 사라졌다. 그는 그 사람이 자기에
게 겸손히 호소하였을 때 그 회개하는 사람을 자신의 사랑 안으로 다
시 받아들여 그가 다시 말할 수 있게 하였다. 그때부터 그 남자는 자
기의 불경스런 혀를 성인을 찬미하는 데 전념하여 그가 겪었던 그 벌
이 곧장 그를 회개시켜 믿음을 깊게 만드는 데 이바지하였다.

10 다른 여러 가지 기적

1. 술모나 교구 내에 있는 갈리아노-아테르노에서 우리 주님과 성 프란치스꼬에게 대단히 헌신하는 마리아라는 한 여인은 어느 여름 날 먹을 것을 구하러 나갔다. 날씨가 대단히 더워 그녀는 갈증으로 기진하게 되었으나 마실 것이 아무것도 없었다. 그녀는 황폐한 산 중턱에 혼자 있었다. 그녀는 거의 의식을 잃은 채 땅에 누워 있었는 데, 그때 성 프란치스꼬에게 경건히 기도하기 시작하였다. 그녀가 겸손히 그리고 사랑스럽게 기도를 계속하는 가운데 그녀는 더위와 갈증 그리고 고된 노동으로 쓰러져 잠이 들었다. 그때 성 프란치스 꼬는 그녀에게 와서 그녀의 이름을 불렀다. "일어나라. 그리고 하느 님께서 너와 다른 많은 이에게 주시는 물을 마시라"라고 그는 말했 다. 그녀는 그 말에 깨어났는데 자신이 더 강해진 것을 느꼈다. 그녀 는 자기 옆에 자라나고 있는 고사리를 잡아 뿌리째 뽑았다. 그러고 는 나무조각으로 구덩이를 파다가 흘러가는 물을 발견하였다. 처음 에는 그것은 겨우 물 한 방울이었는데 하느님의 힘에 의해 갑자기 샘으로 커져 그녀가 마시고도 넉넉하였다. 그리고 그녀는 눈을 씻었 다. 그녀의 눈은 오랜 병의 결과로 나빠 있었는데 그러나 그때 새로

운 시력을 받은 것을 깨달았다. 그녀는 집으로 달려가 이 비범한 기적에 대해 성 프란치스꼬에게 영광을 돌리며 모든 사람에게 얘기했다. 사람들은 그 이야기를 듣고 멀리서도 가까이서도 왔으며 실지 경험으로 그 물의 능력을 확인하게 되었다. 많은 사람들이 고백성사를 보고 그 물을 쓴 후에 여러 가지 질병을 치유받게 되었다. 오늘날까지 거기에 한 샘이 있으며 성 프란치스꼬를 기념하여 한 기도원이 세워졌다.

2. 스페인의 사하군에 있는 한 사람에게 속해 있는 한 벚나무는 모든 사람의 예측과는 반대로 기적적으로 되살아나 잎과 꽃과 열매를 맺었다. 빌라 실로스 주위의 시골에 사는 주민들은 포도나무를 침해했던 곤충의 역병에서 성 프란치스꼬의 기적적인 중재에 의해 구원을 받았다. 팔렌짜 출신 한 사제는 자신의 곳간을 성 프란치스꼬의 보호 아래 두었는데 성인은 해마다 그곳을 침범하곤 했던, 밀에 달려드는 해충에서 그곳을 구해 주었다. 아뿔리아의 페트라말라 사람인 한 시골 지주는 자기의 땅을 성 프란치스꼬의 보호하에 위탁하여 성인은 주위에 있는 모든 것이 메뚜기떼에 의해 못쓰게 되었음에도 불구하고 그곳은 메뚜기떼에서 안전하게 지켜 주었다.

3. 마르티노라는 사람은 자기 소떼에게 풀을 먹이기 위해 마을 밖으로 멀리 몰고 나왔다가 한 마리의 다리가 너무나 심하게 부러져 그 소를 위해 그가 할 수 있는 방도가 아무것도 없었다. 남은 유일한 일은 가죽을 얻는 것이었다. 그래서 그것을 벗길 도구를 가지고 있지 않았기 때문에 그는 성 프란치스꼬에게 그 소를 돌봐주도록 부탁하

고 집으로 돌아갔다. 그는 그 동물을 자기가 돌아올 때까지 이리떼들로부터 구하기 위해 그것을 그의 보호에 위탁했던 것이다. 다음날 아침 일찍 그는 숲에 남겨두었던 그 소에게 되돌아왔다. 그는 그 소가 풀을 뜯고 있으며 완전히 건강을 회복한 것을 보았다. 그래서 그는 부러진 다리와 다른 다리를 구별할 수가 없었다. 그는 자기 소를 이처럼 잘 보살펴 주고 낫게 해준 선한 목자에게 감사를 드렸다.

겸손한 성 프란치스꼬는 자기에게 청하는 사람들을 도와주는 방법을 알고 있었으며 가장 낮은 인간의 소망조차도 가벼이 여기지 않았다.

그분은 아미테르노 출신인 한 사람에게 그가 도둑맞은 노새를 되돌려주었으며, 또한 그는 안트로도코 출신인 한 여인을 위해 산산조각이 난 그릇을 고쳐 주었다. 그는 마르케의 몬돌모에 있는 한 사람을 위해 산산조각이 나 있었던 보습을 고쳐 주었다.

4. 사비나 교구에 여든 살이 된 노파가 있었는데 그녀의 딸은 아직 채 젖도 떼지 않은 아기를 남겨놓고 죽어버렸다. 그 불쌍한 노파는 가난하여 우유도 없었으며 더구나 그 아기에게 우유 한 방울조차도 줄 다른 사람도 없었다. 그래서 그녀는 어디에 의지해야 할지 몰랐다. 그 아기는 점점 더 야위어 갔다. 그러던 어느 날 밤 어떠한 인간의 도움도 받지 못하였기에 그 노파는 성 프란치스꼬에 의지하여 그의 도움을 간청하였다. 그녀가 눈물에 젖어 기도하고 있었을 때 성 프란치스꼬는 순진한 어린이에 대한 사랑에서 그녀에게 와서, "나는 당신이 그토록 눈물로 도움을 간청한 프란치스꼬요. 아기를 당신의 젖가슴에 갖다 대시오. 그러면 하느님은 당신에게 많은 젖을 내

릴 것이오"라고 말했다. 그녀가 그가 이른 대로 했더니 즉시 그녀의 가슴은 풍부히 젖을 내었다. 프란치스꼬가 그녀에게 준 이 기적의 선물은 모든 사람에게 알려지게 되고 한 무리의 남녀들이 그것을 보러 왔다. 그들은 자신들의 눈이 증거하는 것을 부인할 수 없었으므로 그들은 모두 감동되어 하느님께 그 기적의 힘에 대해서 그리고 당신의 성인의 사랑스런 친절에 대해서 찬미를 드렸다.

5. 스코피토에 있는 한 남자와 그 아내에겐 외아들이 있었는데 이 아이는 가엾은 처지에 있었기에 그들 부모는 매일 눈물로 지냈다. 그의 양팔은 목에 붙어 있었고 그의 양 무릎은 가슴께까지 당겨 올라와 있었기에 그의 발뒤꿈치는 엉덩이를 누르게 되었다. 그는 인간의 후손이라기보다는 오히려 무슨 괴물처럼 보였다. 그의 어머니는 슬픔에 압도되어 성 프란치스꼬의 도움을 기원하면서 그리스도께 자기의 비참한 처지와 치욕을 보아서 불쌍히 여겨 달라고 간청하였다. 어느 날 밤 그녀는 슬픔에 잠겨서 산란한 잠을 잤는데 성 프란치스꼬가 그녀에게 나타났다. 그는 부드럽게 그녀를 향해, 그 아기를 자신에게 봉헌된 이웃 수도원으로 데리고 가서 거기 있는 우물에서 물을 떠다가 하느님의 이름으로 그 아이에게 부으면 그 아이가 건강을 회복할 것이라고 말했다. 그녀는 성인의 명령에 순종하지를 않았다. 그래서 그는 두 번째 그리고 세 번째로 왔다. 이번에 그는 그 아이와 그의 어머니를 앞장서 걸어가 그들을 수도원 대문으로 데리고 갔다. 수많은 귀족부인들이 신심에서 수도원을 방문하고 있었는데 그 여자가 그들에게 환시에 대해 모든 것을 얘기하자 그들은 그 아이를 수도원으로 데리고 들어갔다. 그러고는 우물에서 물을 길어 그

들 모두 중 가장 높은 신분을 지닌 사람이 그 아이를 자기 손으로 씻겼다. 그는 즉시 치유되어 그의 사지는 원래 자리로 되돌아갔다. 그들은 이 기적을 보고 놀라움에 압도되었다.

5a. 수사 가까이 있는 리바롤로 카나베세 사람으로 우베르띠노라는 한 젊은이가 작은 형제회에 들어왔는데 수련기 동안에 한 충격적인 일을 겪어 그는 미쳐 버렸으며 그의 몸 오른쪽이 완전히 마비되었다. 그래서 그는 들을 수도 말할 수도 없었고 움직일 수도 없었으며 아무것도 느낄 수가 없었다. 수사들이 진심으로 슬퍼하게도 그는 침대에 발을 묶여 얼마 동안 지내다보니 성 프란치스꼬의 단식일이 오고 있었는데, 그 전날 그는 한순간 본 정신을 차릴 수 있었다. 그는 비록 자기 목소리는 뒤틀렸어도 믿음으로 가득찬 마음을 다해 자기가 할 수 있는 한 최대로 성인에게 호소하였다. 다음날 아침 모든 수사들이 성당에서 기도를 노래하느라 분주한 동안 성 프란치스꼬가 그 수도회의 수도복을 입고서 병실에 있는 그 수련생에게 나타났으며 커다란 빛이 거기에 빛나고 있었다. 그는 자기 손을 뻗쳐 그 수련생의 오른편을 어루만졌다. 그러고는 그는 자기 손을 그의 몸을 따라 머리에서 발까지 부드럽게 쓰다듬고는 자기 손가락을 그의 귓속에 넣고 그의 어깨에다가는 어떤 표시를 했다. "이것은 하느님이 나를 통하여 당신께 완전한 건강을 회복시켜 주실 표시요. 왜냐하면 당신이 이 수도회에 들어온 것은 바로 나의 모범을 좇고자 한 것이기 때문이오"라고 그는 말했다. 그리고 난 후 그는 그에게 띠를 둘러주었다. 이는 그가 띠를 하지 않고 있었기 때문이었다. 그러고는 그에게 말하였다. "일어나 성당으로 들어가 다른 수사들과 함께 하

느님께 합당한 찬미를 드리시오.” 그 젊은이는 그를 만지려 손을 내
밀고 감사하는 맘에서 그의 발자국에 입맞추려 하였으나 성인은 사
라져버렸다. 그 젊은 수련생은 육체적 건강과 이성의 기능 및 모든
기능을 완전히 회복하였다. 모든 수사와 그리고 그가 마비된 것을
보았고 미친 것을 보았던 거기에 있던 신자들이 모두 놀라게도 그는
교회로 들어갔다. 그는 그들의 기도에도 함께 하고 그들에게 자신의
기적에 의한 치유에 대해 모든 것을 얘기했다. 그래서 그들은 감동
이 되어 그리스도와 성 프란치스꼬에게 더 큰 신심을 갖게 되었다.

6. 오스띠아 관구의 코리에 있는 한 사람은 다리를 쓸 수 없게 되어
걷지도 이리저리 움직이지도 못하였다. 그는 끔찍한 고뇌에 싸여 그
어떠한 인간의 구제책에 대한 희망도 저버렸다. 그러던 어느 날 밤
그는 성 프란치스꼬에게 마치 그가 자기 눈앞에 있어 보이기라도 하
는 듯이 불평을 털어놓기 시작했다. “성 프란치스꼬여, 나를 도우소
서. 내가 당신께 봉사한 방법과 내가 당신께 보인 충성을 기억해 주
십시오. 나는 당신을 위해 노새 한 마리를 대주었고 나는 당신의 손
과 발에 입맞추었습니다. 나는 당신께 항상 커다란 신심을 지니고
있었으며 나는 당신의 은인이었습니다. 자, 이제 보십시오. 이 고통
의 아픔으로 죽어가는 나를.” 성 프란치스꼬는 그의 불평에 감동되
었으며 그가 자기에게 했던 봉사도 상기하였다. 그의 신심에 감사하
여 그는 다른 수사와 함께 발현하였다. 오늘 자기는 그의 호소에 답
하러 왔으며 그에 대한 치료 방법을 갖고 있다고 말했다. 그는 고통
이 있는 자리에 타우(T) 십자가 모양의 조그만 막대기를 대었다. 그
러자 종기가 터지고 그는 완전히 치유되었다. 그리고 더욱 놀라운

것은 그에게 이 기적을 상기시켜 주기 위해 타우(T) 십자가의 표지가
종양이 치유되었던 그 자리에 찍힌 채로 남아 있다는 것이다. 이것
은 성 프란치스꼬가 사랑이 요구하는 때는 언제라도 자기 편지에다
새기곤 하던 바로 그 표지인 것이다.

7. 우리의 마음은 성 프란치스꼬의 여러 기적을 기술하는 데 몰두해
있었으나 이제는 영광스러이 십자가를 지닌 자의 중재에 의해서 우
리 마음은 신적인 안내에 의해 한번 더 타우(T) 십자가에로 되돌아오
는 것이다. 이것은 우리에게 마치 프란치스꼬가 그리스도의 군대에
서 싸우던 동안 구원을 얻기 위해 했던 모든 것 중에 타우(T) 십자가
가 극치를 이루는 것과 똑같이, 그렇게 그것은 그에게 영예를 가져다
주며 지금 그가 그리스도의 승리를 나누는 모든 것의 보증이 되었다.

8. 십자가의 깊고도 놀라운 신비는 그리스도의 거지에게 완전히 드
러났던 것이다. 십자가의 신비 안에 은총의 선물과 덕의 대가 – 지
혜와 지식의 온갖 보화 – 가 너무도 고결하게 숨겨져 있어 이 세상
의 지혜 있고 거만한 사람들에게는 보이지 않는다. 그의 온 생애는
그리스도의 길을 따랐고 십자가 외에서는 아무런 끌림을 느끼지 못
하였으며 그의 생은 십자가의 영광 외에는 아무것도 주장하지 않았
다. 수도생활 시초에 프란치스꼬는 진실로 성 바울로와 더불어 “나
에게는 우리 주 예수 그리스도의 십자가밖에는 아무것도 자랑할 것
이 없습니다”(갈라 6,14)라고 말할 수 있었다. 그의 생애 중 언제나 그
는 같은 진실함을 지니고 말할 수 있었다. “이 법칙을 따라서 사는
사람들에게 평화와 자비가 있기를 빕니다”(갈라 6,16). 그러나 그의 생

애의 말엽에 가서 그는 이전보다 더욱 큰 진실을 갖고 말할 수 있었다. "내 몸에는 예수의 낙인이 찍혀 있습니다"(갈라 6,17). 그리고 우리는 그에게서 매일 "형제 여러분, 우리 주 예수 그리스도의 은총이 여러분의 마음에 내리기를 빕니다. 아멘"(갈라 6,18) 이상의 말을 듣기를 원하지 않는다.

9. 이제 당신은 십자가의 영광 안에서 두려움 없이 자랑할 수 있습니다. 오, 영광스러운 십자가의 기수여. 십자가로부터 당신은 시작했고, 십자가의 규칙을 따르는 데서 당신은 진보를 이루었으며, 십자가 안에서 당신은 당신 생애를 마지막 완성에로 이끌었습니다. 자, 이제 십자가의 증언에 의해 신앙이 깊은 모든 사람들은 당신이 천국에서 누리고 계시는 영광을 봅니다. 이집트인 이 세상을 버린 사람들은 완전한 자신감에 차서 당신을 따를 수 있습니다. 그리스도의 십자가는 모세의 지팡이처럼 그 기적적인 힘으로써 바닷물을 갈라 그들로 하여금 사막을 가로질러 우리 인간의 죽고 말 유한성의 요르단 강을 건너서 약속된 삶의 땅으로 들어가게 할 것입니다.

당신 백성의 참된 지도자요, 구세주이신 십자가에 못박히신 예수 그리스도는 당신 종 프란치스꼬의 공로로 영원히 생활하시고 다스리시는 삼위일체의 하느님의 영광에로 우리를 인도하소서. 아멘.